서철원 박사 성경 주석 시리즈

빌립보서

Προς Φιλιππηνσιους

AD PHILIPPENSES

| 서철원 지음 |

쿰란출판사

머리말

　빌립보서는 그리스도 찬송시 (빌 2:5-11)를 담고 있는 은혜로운 바울의 서신이다. 본래 예루살렘교회가 예배 시에 불렀던 찬송시로 알려졌다. 이러한 찬송시는 신약에는 오직 빌립보서에만 실려 있다.
　빌립보교회가 구제사역에서 교회의 두 중추적인 여인 유오디아와 순두게가 서로 자기주장대로 해야 한다고 해서 합의를 볼 수 없었다.
　그러나 바른 신자들은 자기주장을 굽힐 줄 알고 양보할 줄 아는 겸손을 나타내야 한다고 바울은 권면한다. 우리가 믿는 구주 예수가 본래 하나님이신데 우리를 죄와 죽음에서 구원하기 위해 사람이 되시고 고난 받으셨음을 생각해야 한다고 제시하고 있다. 하나님이 사람이 되사 고난 받아 죄인들을 구원하시는 사역을 생각하면 우리 주장을 세우기보다 겸손해야 함이 당연하다고 말하고 있다.
　현대 그리스도인들도 주의 자아겸비를 생각하면 교회의 선한 사역에서도 겸손해질 수밖에 없다.
　아우구스티누스는 그리스도인의 덕은 겸손이라고 하였다. 은혜 입은 그리스도인들은 겸손해야 함이 마땅하다.

우리는 빌립보서를 통해 하나님의 성육신과 고난 받아 우리를 구원하심을 깊이 묵상하고 또 주의 겸손을 본받아야 한다.
이 빌립보서 주석은 그리스도의 신비를 해석하고 있다.

빌립보서 주석을 읽기에 적합하도록 교정해 준 아내 김정순과 편집을 해준 오완 부장, 이 주석서를 출판해 주시는 쿰란출판사 이형규 사장께 깊은 감사를 표한다.

2022년 1월 10일
주석자 서 철 원

차 례

머리말 __ 2

서론: 빌립보서 개요

- 그리스도 찬송시: 빌립보서의 핵심 __ 6
- 바울의 로마 옥중생활 마지막에 보낸 편지 __ 6
- 빌립보교회: 유럽의 첫 선교지 __ 7
- 빌립보의 역사 __ 8
- 그리스도 찬송시: 삼위일체교리의 기초 __ 9
- 빌립보교회: 바울에 대한 사랑이 넘치는 교회 __ 9

제1장 __ 11

제2장 __ 71

제3장 __ 127

제4장 __ 173

서 론

빌립보서 개요

그리스도 찬송시: 빌립보서의 핵심

빌립보서는 바울의 옥중서신이다. 이 편지의 핵심은 하나님의 성육신을 찬송시로 제시하는 데 있다. 빌 2:5-11의 그리스도의 성육신과 고난과 부활을 말하는 이 본문은 예루살렘교회의 찬송시로 인정되었다. 그러나 바울의 글 외에는 신약의 어디에도 이러한 찬송시로는 표현되지 않았다. 이 찬송시 때문에 빌립보서가 그의 편지들 중에서 가장 은혜가 넘치는 글이다.

바울의 로마 옥중생활 마지막에 보낸 편지

빌립보서는 바울이 로마 옥중기간 마지막에 쓴 것으로 보인다. 행 28:30-31을 보면 바울은 자유롭게 자기의 셋집에 살면서 담대히 하나님의 나라를 전파하였다. 또 주 예수 그리스도의 복음을 제지 받지 않고 가르쳤다. 빌 1:19-26은 상당 기간의 감옥 생활 후에 바울의 재판이 가까이 옴을 밝히고 있다. 재판에서 정죄 받아 사형되면 그리스도께로 가거나, 아니면 놓여나 빌립보로 가서 성도들을 볼 것을 기대하고 있다. 그러므로 바울이 빌립보서를 쓴 것은 로마 옥중 생활의 마지막 기간인 것으로 보인다.

빌립보교회: 유럽의 첫 선교지

빌립보교회는 바울이 아시아에서 유럽으로 건너와 세운 첫 번째 교회이다. 거기는 유대인들의 회당이 없었으므로 강가에서 여인들에게 전도하였다. 이 전도로 두아디라 자주 장사 루디아와 간수장과 그의 가족이 예수 믿어 교회를 이루었다 (행 16:11-40).

여종에게 들린 귀신을 쫓아내었으므로 감옥에 갇혔다가 (행 16:18), 바울은 빌립보를 떠났다 (행 16:39-40). 그 후 5, 6년이 지나서 제3차 전도여행 시에 다시 빌립보를 찾았고 (행 20:1-2), 석 달 후에 다시 빌립보에 들렀다 (행 20:3-6). 그리고 바울은 이 빌립보서에서 또 빌립보교회를 방문하기 바라는 마음을 표현하였다 (빌 1:26; 2:24). 처음 빌립보를 떠난 후에도 디모데와 에라스도와 에바브로디도를 통하여 빌립보교회와 교제를 계속하였다 (살전 3:1-2; 행 19:22; 빌 2:19, 25, 28).

처음부터 빌립보교회는 바울을 잘 도왔다. 루디아가 바울을 자기 집에 맞아들여 대접하였고 (행 16:15, 40), 또 바울이 데살로니가에 있을 때도 사도에게 도움을 두어 번 보냈다 (빌 4:16). 또 고린도에서 바울이 전도할 때에도 도움을 보내 어려움을 보충하였다 (고후 11:9).

바울이 빌립보서를 쓰기 전에 그 교회는 로마 옥중에 있는 바울에게 도움을 보냈다 (빌 4:18). 우리는 바울과 빌립보교회 간에 애정이 두터웠음을 알 수 있다.

빌립보의 역사

빌립보는 로마의 식민지로 표기되었다 (행 16:12). 로마의 식민지는 자유도시와 달리 특권을 받았다. 그들은 로마제국의 시민이 되어 토지와 재산을 소유할 수 있었다. 로마의 첫 황제 옥타비아누스가 빌립보를 로마의 식민지로 세웠다. 그 도시 이름을 '황제의 식민지 빌립보'라고 하였다 (Colonia Augusta Julia Philippi). 빌립보는 로마 군대의 행진로 옆에 있었다 (Via Egnatia).

이보다 훨씬 전에 빌립보가 세워졌다. 알렉산더 대왕의 부친 필립이 이곳에 도시를 건설하고 자기 이름을 따서 빌립보 (Philippi)라고 명명하였다. 빌립보는 아가야 북부 지방에 있었는데, 처음에는 크레니데스 (Κρηνιδες) 곧 '샘' 혹은 '샘의 원천'이라고 불렸다. 그곳에서는 금이 많이 났으므로 그 금으로 필립 왕이 자기의 마케도니아 함대를 구축하였다. 그 후에는 금의 생산이 줄어들었지만 로마인들도 이 빌립보를 재건하고 자기들의 식민지로 삼았다.

그리스도 찬송시: 삼위일체교리의 기초

빌립보서에는 특별한 교리적인 논쟁이 없다. 빌 2:5-11의 그리스도 찬송시는 유오디아와 순두게 간에 서로 자기주장을 굽히지 않는 데서 그리스도의 겸손을 나타내기 위해서 제시하였다. 이 찬송시가 가장 탁월한 그리스도의 찬송시이다. 이 시로 바울은 그리스도의 선재, 성육신, 고난과 부활을 잘 표기하였다. 이 찬송시가 삼위일체교리와 그리스도론 (기독론) 교리의 표준과 출발점이 되었다.

빌립보교회: 바울에 대한 사랑이 넘치는 교회

빌립보교회와 바울은 서로 간에 사랑이 깊어 여러 차례 바울을 도왔다. 이번 편지를 작성하게 된 계기도 빌립보의 목회자인 에바브로디도가 빌립보교회의 도움을 갖고 왔기 때문이다. 아마도 에바브로디도는 유오디아와 순두게 간에 일어난 분란을 해결하기 어려웠던 것 같다. 그래서 바울에게로 갈 때 빌립보교회의 헌금과 헌물을 가지고 갔다. 그 외에도 바울과 빌립보교회 간에 왕래가 있었던 것 같다. 에바브로디도는 자기가 병들었다는 사실이 교회에 염려를 끼쳤기 때문에 빨리 바울의 서신을 가지고 빌립보로 돌아갔다 (빌 2:26-28).

빌립보서
Προς Φιλιππησιους

제 **1** 장

빌립보서

Προς Φιλιππησιους

> 인사: 1:1-2

1. 사도적 특권으로 빌립보교회에 은혜와 평강을 기원한다. 은혜는 죄인에게 보이신 하나님의 호의이고, 평강은 죄를 해결하고 하나님과 화해하였으므로 하나님이 주시는 마음의 안식이다.

빌 1:1 그리스도 예수의 종 바울과 디모데는 그리스도 예수 안에서 빌립보에 사는 모든 성도와 또는 감독들과 집사들에게 편지하노니 (한글개역)

GNT 1:1 Παῦλος καὶ Τιμόθεος δοῦλοι Χριστοῦ Ἰησοῦ πᾶσιν τοῖς ἁγίοις ἐν Χριστῷ Ἰησοῦ τοῖς οὖσιν ἐν Φιλίπποις σὺν ἐπισκόποις καὶ διακόνοις·

빌 1:1 바울과 디모데 그리스도 예수의 종들은 그리스도 안에서 빌립보에 있는 모든 성도들과 감독들과 집사들에게 편지합니다. (주석자의 역)

1. 바울이 자신을 그리스도 예수의 종으로 말하여 빌립보에 있는 성도들에게 편지한다. 이 편지에 동역자 디모데도 함께 그리스도의 종으로서 동참하였다.

종은 주인에게 속한 소유물이다. 동산이나 부동산이나 소유물인데는 아무런 차이가 없다. 종은 주인의 소유물이므로 자기로서는 아무 권리나 주장도 할 수 없었다. 주인이 시킨 대로 할 뿐이다.

바울은 여기서 자신을 예수 그리스도의 사도라고 주장하지 않고 종이라고 하였다. 빌립보교회에서는 바울의 사도 됨에 대한 시비가 전혀 없었기 때문이다. 그래서 바울 자신이 예수 그리스도의 사도라고 하지 않고 종이라고 하였다. 바울이 자신을 사도라고 제시하지 않아도 빌립보교회만큼 바울의 사도권을 확신하고 시비하지 않은 교회도 없었다. 아마도 유대인 그리스도인들이나 유대인들이 적었기 때문일 것이다.

바울은 예수 그리스도의 종이므로 주님이 시킨 대로만 일하고 있음을 제시한다. 그가 전한 복음도 예수 그리스도께서 시키고 명령하셔서 전한 복음이다. 그는 받은 대로만 전하고 가르쳤다. 그는 철저히 귀 뚫린 종으로 (출 21:6) 주인에게만 매여 있음을 말하고 있다. 귀 뚫린 종이므로 영구히 주 예수 그리스도의 종이 되었음을 말한다.

2. 빌립보는 바울의 첫 선교지이다.

바울은 소아시아에서 오래도록 전도하였다. 그러다가 전도가 잘 이루어지지 않으므로 (행 16:6) 성령의 인도를 따라 유럽으로 건너가서 빌립보에서 전도하여 교회를 세웠다. 빌립보는 로마의 식민지였다. 거기는 아직 유대인의 회당이 없어서 강가에 나가 여자들에게 전도하였다. 두아디라 성의 비단 장사였던 루디아가 그 중심이 되어 교회가 세워졌다 (행 16:14-15).

전도 도중에 여러 주인들이 소유한 귀신 들린 여자를 고쳤는데 이에 그들의 수입이 그치자 그들이 바울을 고소함으로 바울은 매를 맞고 깊은 지하 감옥에 던져졌다. 그 후에 지진이 나서 옥문이 열렸다. 간수장은 죄수들이 도망간 줄로 여겨 자결하려고 하였다. 바울이 그를 만류하여 복음을 전하므로 간수장과 그 가족이 예수 믿게 되어 교회가 이루어졌다 (행 16:16-40). 루디아의 가족과 빌립보 감옥의 간수장 가족이 중심이 되어 유럽의 첫 교회가 바울에 의해서 설립되었다.

빌립보교회는 바울의 짧은 선교에 의해 세워졌다. 바울은 복음전도로 인해 핍박이나 소요가 일어나면 그곳을 떠나 다른 곳으로 옮기는 것을 그의 선교정책으로 삼았다. 따라서 이 투옥사건 후에 빌립보를 떠났다. 이렇게 빠른 시일에 교회가 세워지고 떠났어도 빌립보서는 바울의 인간적인 애정이 가장 깊이 배어 있는 서신이다. 빌립보서는 애정이 넘치는 편지이다.

3. 빌립보에 있는 감독들은 장로를 뜻하는 것으로 보아야 합당하다.

빌립보교회는 한 단일 교회가 아니고 여러 지역에 지 교회들이 세워져 있었다. 이 지 교회를 목회하는 목사들을 '감독들'이라고 표기하였다. 그러나 그 감독들은 지금 교회 정치체제에서의 감독이 아니다. 장로를 지시하는 것으로 보아야 한다. 바울은 감독과 장로를 교차해서 사용했다. 바울은 에베소교회 장로들을 청하고서 (행 20:17; πρεσβυτέρους) 그들에게 말할 때는 감독이라고 하였다 (행 20:28; επισκόπους). 베드로도 교회의 장로들이라고 하고서 같은 자리에서 감독의 직분을 온전히 행하라고 하였다 (벧전 5:1, 2; πρεσβυτέρους, επισκοποῦντες). 또 바울은 디모데에게 편지하면서 처음에는 감독의 직분이라고 말하고 (딤전 3:1-7; ἐπισκοπῆς, ἐπίσκοπον), 뒤에서는 장로라고 하였다 (딤전 5:17-19; πρεσβύτεροι, πρεσβυτέρου). 또 디도에게 보낸 편지에서도 장로라고 말하고서, 감독은 흠이 없어야 한다고 하였다 (딛 1:5-7; πρεσβυτέρους, ἐπίσκοπον). 따라서 여기 바울이 감독이라고 한 것은 후기 제도화한 감독이 아니라 목회자인 장로를 뜻한다.

4. 집사들은 교회의 재정과 구제를 맡았지만 첫 일곱 집사들처럼 전도를 책임진 자들임을 알 수 있다.

교회가 커짐으로 집사들이 전도자의 일을 하고 설교도 하였음을 알 수 있다. 예루살렘교회가 처음으로 집사들을 세웠을 때 그들은 곧 전도자로서 일하였다. 이 관습을 따라 집사들이 빌립보에서도 전도자로서 일하였음이 분명하다. 따라서 고대교회의 집사들은 전도자의 직임을 지녔다.

지금 한국교회에서도 목회자나 장로가 없을 때 집사가 말씀을 전하는 예가 바로 초대교회의 집사제도에서 나왔다고 본다.

빌 1:2 하나님 우리 아버지와 주 예수 그리스도에게로서 은혜와 평강이 너희에게 있을지어다.

GNT 1:2 χάρις ὑμῖν καὶ εἰρήνη ἀπὸ θεοῦ πατρὸς ἡμῶν καὶ κυρίου Ἰησοῦ Χριστοῦ.

빌 1:2 은혜와 평강이 하나님 우리 아버지와 주 예수 그리스도로부터 여러분에게 있을지어다.

1. 은혜와 평강은 창조주이시고 구주이신 하나님 아버지와 주 예수 그리스도로부터 온다.

은혜는 하나님에게서 온다. 은혜가 오면 평강이 온다. 그래서 '은혜가 여러분에게 또 평강이 있을지어다'라고 인사하였다.

하나님은 창조주이신데 예수 그리스도로 말미암아 우리 아버지가 되셨다. 창조주 하나님과 구주이신 주 예수 그리스도로부터 은혜가 온다. 은혜는 하나님 아버지로부터 시발하고 주 예수께서 주신다.

은혜와 평강이 하나님 아버지와 주 예수 그리스도로부터 오면 성령에게서도 오는 것을 전제한다. 성령의 본질에 관한 요 14:23에 의하면, 하나님 아버지와 주 예수 그리스도를 말하면 성령은 언제나 거기에 계시고 전제된다 (요 14:23; 요일 2:24; 3:24).

2. 은혜는 하나님이 값없이 주시는 호의 또는 사랑이다.

　죄인을 향한 이 호의가 죄인들을 구원하신다. 따라서 은혜는 구원은혜를 말한다. 이 하나님의 호의가 죄인들을 불쌍히 여기게 되었다. 죄를 용납하실 수 없는 하나님이 그의 호의 때문에 죄인들을 구원하기로 하셨다.
　은혜는 주 예수 그리스도께서 피 흘려 백성을 구원한 역사이다. 이 은혜 때문에 하나님의 호의가 죄인들에게로 향한다. 이 하나님의 호의로 죄인들이 구원에 이르렀다.

3. 평강은 죄용서를 받아 하나님과의 바른 관계에서 오는 마음의 안식이다.

　그러므로 평강은 은혜 입은 자들에게 임한다. 평강은 죄용서로 마음의 번민과 불안이 제거됨으로 온다. 그러므로 참 평강 혹은 평화는 그리스도를 구주로 모셔 들인 자들에게만 있다. 평화도 주 예수 그리스도로부터 온다.
　인류가 범죄하여 하나님을 떠난 이후에는 늘 형벌에 대한 불안과 공포 속에 살았다. 그러므로 하나님과 화해하여 죄용서를 받기 전에는 평강이 없다. 그리스도의 피로 죄를 용서받을 때만이 평강이 온다. 죄용서로 형벌에 대한 공포와 불안이 완전히 제거되었기 때문이다.
　따라서 주 예수만이 평강을 주신다. 그가 주신 평강만이 참 평화여서 전쟁 중에도 마음이 평안할 수 있다. 그리스도만이 사람들에게 영원한 평화를 주시기 때문에 그는 평화의 왕이시다.

세상의 평화는 일시적이다. 생존이 보장되고 전쟁의 공포가 없을 때만이 평화할 수 있기 때문이다. 그러나 환경이 변하면 언제나 불안하고 공포에 눌리게 되어 있다.

빌립보서
Προς Φιλιππησιους

> **복음에의 교제를 인해 감사함: 1:3-5**

1. 빌립보교회는 복음을 믿음으로 받아들였다.
2. 복음의 교제와 변호를 계속하였다.
   빌립보교회가 복음의 교제와 변호에 동참한 것은 바울의 사역을 도움으로 이루어졌다.

빌 1:3 내가 너희를 생각할 때마다 나의 하나님께 감사하며

GNT 1:3 Εὐχαριστῶ τῷ θεῷ μου ἐπὶ πάσῃ τῇ μνείᾳ ὑμῶν

빌 1:3 내가 여러분을 생각할 때마다 나의 하나님께 감사합니다.

1. 바울은 매 맞고 감옥에 갇혔어도 빌립보 사람들이 복음을 잘 받아들였기 때문에 빌립보교회를 생각할 때마다 하나님께 감사한다.

바울이 마케도니아에 와서 처음 복음을 전한 곳이 빌립보이다.

거기서 복음을 전함으로 여인들이 복음을 받아들였고, 교회를 세울 기초가 놓였다. 그러나 귀신 들린 점쟁이를 고쳤다고 온몸의 살이 다 터지도록 맞고 깊은 토굴에 갇혔다. 이 투옥의 일이 사람들을 구원하도록 역사하였다. 매 맞아 살이 터져 전신이 아픈 중에도 하나님을 찬양하고 감사함으로 간수장이 회개하고 주 예수를 믿음으로 교회가 세워졌다. 이런 상황에서 교회가 탄생하였으므로 그들은 바울의 복음전파를 늘 감사하고 기뻐하였다. 따라서 바울이 경제적으로 어려움을 당할 때 돕는 일을 자주 하였다.

이 믿음을 생각하고 바울은 빌립보교회를 생각할 때마다 하나님의 은혜를 인해 감사하였다.

2. 하나님은 빌립보교회의 하나님이신데 바울이 '나의 하나님'이라고 한 것은 하나님과 더 친숙한 관계임을 밝힌 것이다.

하나님은 예수 믿는 자들에게 다 하나님 아버지가 되신다. 그런데도 바울은 '나의 하나님'이라고 하였다. 그것은 주 예수 그리스도의 복음을 전하는 자가 된 것이 바로 하나님 아버지로부터 왔음을 강조하는 것이다. 하나님이 친히 이 복음전파를 위임하셨음을 제시하기 위해서 '나의 하나님'이라고 하였다.

빌 1:4 간구할 때마다 너희 무리를 위하여 기쁨으로 항상 간구함은

GNT 1:4 πάντοτε ἐν πάσῃ δεήσει μου ὑπὲρ πάντων ὑμῶν, μετὰ

χαρᾶς τὴν δέησιν ποιούμενος,

빌 1:4 항상 여러분 모두를 위한 나의 간구에 기쁨으로 구하는 것은,

1. 빌립보교회를 생각할 때마다 바울은 하나님께 감사하지만 완전한 구원에 이르도록 간구한다.

완전한 구원에 이르도록 간구함이 빌 1:6에 나와 있다. 너희 안에 착한 일을 시작하신 이가 그리스도 예수의 날까지 이루실 줄을 확신한다.

처음 믿을 때부터 기쁨으로 시작하였지만 아무런 탈락이나 부족함이 없이 모든 교회가 믿은 대로 완전한 구원에 이르기를 위해 간구한다. 언제나 간구한다고 하였으니 바울은 기도할 때마다 빌립보교회를 위해 기도하는 것을 쉬지 않았다.

2. 간구는 그냥 사정을 아뢰는 정도의 기도가 아니라 정한 목표가 이루어지기 위해 기도하는 것이다.

바쁜 바울이지만 빌립보교회를 생각할 때마다 간구를 쉬지 않았다. 언제나 기도할 때마다 빌립보교회를 위해 간구하였다. 빌립보교회가 아름다운 교회로서 복음사역을 잘 감당할 뿐만 아니라 온전한 구원에 다 이르기를 위해 간절히 기도하였다. 이 목표를 위해 바울은 간절한 기도를 하였다. 간구는 바로 간청이다.

3. 바울과 빌립보교회 간에 교제가 빈번하였으니 바울이 빌립보교회를 위해 늘 간구하였다.

바울은 모든 교회들을 위해서 기도하였다. 그러나 특히 빌립보교회를 위해서 남다른 애정을 갖고 간구할 수밖에 없었다. 그것은 빌립보교회가 바울에게 깊은 애정을 보내고 표현하였기 때문이다. 다른 교회들이 하지 않는 일을 빌립보교회가 하였다. 바울이 다른 지역에서 복음을 전하여 많은 교회들을 세웠는데도 빌립보교회만이 바울을 도왔다.

빌 1:5 첫날부터 이제까지 복음에서 너희가 교제함을 인함이라

GNT 1:5 ἐπὶ τῇ κοινωνίᾳ ὑμῶν εἰς τὸ εὐαγγέλιον ἀπὸ τῆς πρώτης ἡμέρας ἄχρι τοῦ νῦν,

빌 1:5 첫날부터 지금까지 여러분이 복음으로 교제하기 때문입니다.

1. 복음으로 교제함은 복음으로 산다는 것보다 바울의 복음전도를 도운 것을 말한다.

그러므로 '첫날부터 지금까지'라고 표현하였다. 루디아가 예수 믿은 첫날 자기 집으로 바울과 일행을 맞아들였다 (행 16:15). 그리고 데살로니가로 도움을 보냈고 (빌 4:16), 고린도에 있을 때에도 도움을

보냈다 (고후 11:9). 또 로마로도 도움을 보냈다 (빌 4:18). 빌립보교회도 가난하였지만 넘치는 헌금을 하였다 (고후 8:1-3). 빌립보서를 쓰기 직전에 로마에서 고생하는 바울에게 헌금을 하여 보냈다. 그러니 이렇게 특별한 관계를 이루었고 많은 교회들 가운데 예외가 되었다. 마케도니아 지역에서도 예외가 되어 바울을 계속하여 도왔다. 이것이 바울을 통하여 '복음으로 교제함'의 뜻이다.

빌립보서

Προς Φιλιππησιους

> 복음의 변명에 동참함을 칭찬하고 더욱 믿음이 성장하기를 기원: 1:6-11

1. 복음의 변명에 참여함을 인해서 애정을 가득히 표현하고 있다.
2. 진리의 지식이 자라고 거룩한 백성이 되기를 빌고 있다.

빌 1:6 너희 속에 착한 일을 시작하신 이가 그리스도 예수의 날까지 이루실 줄을 우리가 확신하노라

GNT 1:6 πεποιθὼς αὐτὸ τοῦτο ὅτι ὁ ἐναρξάμενος ἐν ὑμῖν ἔργον ἀγαθὸν ἐπιτελέσει ἄχρι ἡμέρας Χριστοῦ Ἰησοῦ·

빌 1:6 여러분 안에서 선한 일을 시작하신 이가 그리스도 예수의 날까지 이루실 줄을 내가 확신합니다.

1. 그리스도의 복음으로 빌립보교회를 구원하는 일을 하나님이 시작하셨으니 선한 일을 시작하신 것이다.

세상에서 가장 선한 일은 사람을 살리는 일이다. 하나님이 이 선

한 일을 빌립보에서 시작하셨다. 하나님이 예수 그리스도의 복음으로 빌립보인들을 구원하기 시작하셨다.

2. 복음을 전한 것은 바울 자신이었어도 바울은 종으로서 일했으니 하나님이 선한 일을 시작하신 것이다.

복음은 예수 그리스도의 복음이다. 그러므로 하나님이 구원하신다. 하나님이 선한 일, 곧 사람을 살리는 일을 시작하셨다.

3. 하나님이 선한 일을 시작하셨다고 한 것은 바울이 복음전파를 하기 전부터 일하셨음을 지시한다.

구원하는 일은 하나님의 일이고, 바울은 그 복음을 전하기만 하였다. 복음을 전하면 사람들을 구원하시는 이는 하나님이시다.
바울은 빌립보에 오래 체류하지 못하였다. 오래지 않아서 빌립보를 떠났다. 바울이 복음을 전하였으니 열매 맺는 것을 그가 보았어야 했다. 그러나 바울은 그렇게 오래도록 빌립보에 머물 수 없었다. 얼마 되지 않아 빌립보를 떠났기 때문이다. 그러나 복음의 사역은 시작되어 결실을 맺었다. 따라서 빌립보에 있는 많은 사람들이 빌립보교회의 전도사역으로 구원에 이를 것을 바울은 기대하고 확신하고 있다.

4. 그리스도의 날은 그리스도의 재림의 날이다. 그때까지 빌립보교회의 구원이 완성될 뿐 아니라 다른 많은 사람들도 교회에 가

담할 것을 말한다.

빌립보에 전해진 복음은 역사하여 많은 사람들을 교회로 인도할 것이다. 그리고 많은 사람들이 다 구원에 이르게 될 것이다. 그 일은 그리스도의 재림의 날까지 진행될 것이다.

5. 그리스도 예수의 재림의 날에 완성된다는 것은 부활에 이르는 것을 말한다.

빌립보교회가 복음을 받아들여 구원에 이르렀으니 그것이 완성되는 날은 그리스도의 재림의 날이다. 그날에 사람들이 부활에 이를 것이기 때문이다. 부활하므로 영생하고 영원한 하나님의 영광에 이르게 되기 때문이다.

빌 1:7 내가 너희 무리를 위하여 이와 같이 생각하는 것이 마땅하니 이는 너희가 내 마음에 있음이며 나의 매임과 복음을 변명함과 확정함에 너희가 다 나와 함께 은혜에 참예한 자가 됨이라

GNT 1:7 καθώς ἐστιν δίκαιον ἐμοὶ τοῦτο φρονεῖν ὑπὲρ πάντων ὑμῶν, διὰ τὸ ἔχειν με ἐν τῇ καρδίᾳ ὑμᾶς, ἔν τε τοῖς δεσμοῖς μου καὶ ἐν τῇ ἀπολογίᾳ καὶ βεβαιώσει τοῦ εὐαγγελίου συγκοινωνούς μου τῆς χάριτος πάντας ὑμᾶς ὄντας·

빌 1:7 내가 여러분 모두에 대해 이같이 생각하는 것이 마땅한 것은 내가 여러분을 내 마음에 간직하기 때문입니다. 나의 매임과 복음을 변명함과 확정함에 여러분 모두가 내 은혜에 참여한 자가 되기 때문입니다.

1. 완전한 구원에 이를 것으로 생각하는 것이 당연한 것은 바로 바울이 빌립보교회를 마음에 담고 있었기 때문이다.

바울은 빌립보교회를 잊어버릴 수 없었다. 처음부터 사랑으로 바울과 교제한 교회이기 때문이다. 빌립보교회는 어려울 때마다 사랑의 선물을 보내어 바울을 격려하고 위로하였다. 다른 교회에서는 없던 일이었다. 같은 복음을 받아 은혜에 동참하였어도 다른 교회들은 그런 사랑의 교제를 하지 못하였다. 그러나 빌립보교회는 처음부터 사랑이 넘쳤다. 이런 교회를 위해 바울이 할 수 있는 일은 오직 빌립보교회가 넘치는 은혜 속에 온전한 구원에 이르도록 기원하고 기도하는 것뿐이었다. 바울이 늘 마음에 담고 기도하고 축복하는 것뿐이었다.

2. 바울이 복음 때문에 사슬에 매일 때도 빌립보교회는 바울을 돕고 힘을 돋우었다. 복음을 변명하고 복음이 유일한 구원이라고 확정하는 일에 있어서도 빌립보교회는 바울을 돕고 격려하였다.

바울이 세운 많은 교회도 바울이 사슬에 매일 때는 돌보지 않았다. 외면했다고 할 수는 없었어도 아무런 도움의 손을 펴지 않았다. 복음을 변명하고 주장하는 일에 아무도 함께 손을 모으지 못하였다. 바울의 변명에 동참할 만한 능력이 없었겠지만 아무런 후원과 격려도 하지 못하였다. 그러나 빌립보교회는 바울을 돕고 격려하여 복음의 도가 계속 전파되는 데 도움과 힘이 되었다. 이런 교회를 바울이 어떻게 잊겠는가?

많은 동역자들도 복음의 변호와 확정하는 일에는 아무런 힘이 되지 못하였다. 유대주의자들의 항의와 훼방에 대항해서 동역자들은 아무런 논리를 제공하지 못하였다. 철학적 사상에 영향을 받아 복음을 변조하는 일에 동역자들은 반격을 할 수가 없었다. 즉 이단들에 대해 어떻게 할 길이 없었다.

그러나 빌립보교회의 도움과 격려에 힘입어 복음을 전하고 복음을 변호하고 복음을 담대히 주장할 수 있었다.

3. '내 은혜'라고 한 것은 바로 복음전파와 복음의 변호와 확정하는 일이 바울이 하도록 된 일이기 때문이다.

바울은 복음의 전파자로 세워졌다. 복음을 전파하면서 당하는 모든 고난도 복음의 사역이 된다. 또 복음을 변호하고 확정하는 일도 사도가 할 일이다. 이 복음의 모든 사역을 바울이 맡았다. 이것을 바울이 '내 은혜'라고 표현하였다.

4. '내 은혜에 동참하였다'는 것은 이같이 복음을 위해서 바울과 함께 일함을 말한다.

빌립보교회가 이와 같이 할 수 있었던 것은 복음을 깨달아 구원에 이르렀기 때문이다. 바울처럼 사슬에 매이고 복음을 변호하고 확정하는 일을 한 것이 아니라 바울이 이 복음사역을 할 때 격려하고 도운 것을 '내 은혜에 동참하였다'고 말한다. '내 은혜'는 바울이 전한 복음사역을 뜻한다.

빌 1:8 내가 예수 그리스도의 심장으로 너희 무리를 어떻게 사모하는지 하나님이 내 증인이시니라

GNT 1:8 μάρτυς γάρ μου ὁ θεός, ὡς ἐπιποθῶ πάντας ὑμᾶς ἐν σπλάγχνοις Χριστοῦ Ἰησοῦ.

빌 1:8 그리스도의 심장으로 내가 여러분 모두를 얼마나 사모하는지 하나님이 내 증인이십니다.

1. 바울은 빌립보교회의 성도들을 다시 보기를 사모하였다.

오랜 기간 전도하지 못했어도 세워진 교회가 빌립보교회이다. 그런데도 그렇게 바울을 사랑하여 많은 사랑을 베풀었다. 그러므로 바울이 빌립보교회의 모든 성도들을 보기를 사모하였다.

2. 바울은 그리스도의 사랑의 심장으로 빌립보교회의 모든 성도들을 다시 만나 사랑하기를 바랐다.

바울은 자기가 세운 교회인 빌립보교회를 깊이 사랑하였다. 그리스도의 심장으로 빌립보교회를 사랑했으므로 그들과 다시 교제하기를 바랐다. 그러면 많은 은사와 복음의 풍성한 내용을 가르쳐 줄 수 있기 때문이다. 따라서 바울은 빌립보교회의 모든 성도들을 다시 만나서 사랑의 교제를 나누기를 바랐다.

3. 바울이 이렇게 사모하고 있는 것을 밖으로 증명할 길이 없기 때문에 하나님을 증인으로 불렀다.

바울이 얼마나 빌립보 성도들을 사모하는지는 하나님만이 아신다. 그러므로 하나님이 자기가 빌립보 성도들을 사모하고 있는 일에 증인이 되신다고 주장하였다. 사모하는 일은 인간의 내면적인 일이다. 그러므로 내면의 일을 알 수 있는 이는 하나님이시기 때문이다.

빌 1:9 내가 기도하노라 너희 사랑을 지식과 모든 총명으로 점점 더 풍성하게 하사

GNT 1:9 καὶ τοῦτο προσεύχομαι, ἵνα ἡ ἀγάπη ὑμῶν ἔτι μᾶλλον καὶ μᾶλλον περισσεύῃ ἐν ἐπιγνώσει καὶ πάσῃ αἰσθήσει,

빌 1:9 나는 여러분의 사랑이 지식과 지각에 점점 더 넘치게 되기를 기도합니다.

1. 바울의 기도는 빌립보교회의 사랑이 그냥 사랑으로 남는 것이 아니라 지식과 지각에 병행해서 풍성해지기를 바랐다.

그들의 사랑이 맹목적이면 안 되고 사리에 맞게, 경우에 바르게 이루어지기를 바랐다.

2. 사랑이 자라나서 더 풍성해지기를 바랐다.

이미 크게 사랑하고 있는 빌립보교회가 성장하여 처음보다 더한 사랑을 할 수 있기를 바랐다. 빌립보 그리스도인의 사랑은 사심 없는 사랑이다. 그러나 그 사랑이 더욱 자라나서 대상을 더 넓게 확대하기를 바랐다.

3. 지식은 영적 사물에 대해 바로 아는 것이고, 지각은 세상적인 사물에 대해 바로 아는 것을 말한다.

여기 '지식'으로 표기된 에피그노시스 (ἐπίγνωσις)는 고대 희랍철학에서는 이성으로 아는 지식을 표시하였다. '지각' (αἴσθησις)은 감각기관으로 파악하는 지식을 표기하여 지식의 차원이 낮은 것으로 표기하였다.

이제 바울은 이 지식을 영적 사물을 아는 것에 활용하고, 지각은 세상적인 사물을 아는 것에 적용하였다. 지식은 하나님과 그 구원을 아는 것에 사용되었다. 사랑이 지식으로 더욱 풍성해지면 하나님과 그 구원을 바로 알고 더욱 깊이 하나님을 사랑하고 감사하게 될 것이다.

세상적인 것들도 잘 알게 되면 사람들을 그리스도께 인도하도록 깊은 사랑을 발휘할 것이다.

4. 그러므로 그리스도인의 사랑이 영적인 지식을 가지면 하나님과 그 구원을 더욱 좋아하고 바랄 것이다. 바로 이것을 바울은 기도하고 구하였다. 어떻게 하나님이 우리를 구원하셨는지를 알게 되면 더욱 하나님을 사랑하게 될 것이기 때문이다.

구원에 대한 지식을 풍성히 가지면 하나님과 주 예수 그리스도를 더욱 사랑하게 될 것이다.

5. 세상적인 사물들에 대해서도 바로 알면 사람들을 그리스도와 그 구원으로 인도하는 데 도움이 클 것이다.

지각으로 곧 사람들의 형편을 잘 알면 그들을 그리스도께로 인도하도록 노력할 것이다.

빌 1:10 너희로 지극히 선한 것을 분별하며 또 진실하여 허물 없이 그리스도의 날까지 이르고

GNT 1:10 εἰς τὸ δοκιμάζειν ὑμᾶς τὰ διαφέροντα, ἵνα ἦτε εἰλικρινεῖς καὶ ἀπρόσκοποι εἰς ἡμέραν Χριστοῦ,

빌 1:10 여러분이 바른 것들을 올바로 분별할 줄 알아 깨끗하고 나무랄 것이 없이 그리스도의 날까지 이르기를 바랍니다.

1. τὰ διαφέροντα (타 디아페론타)는 여러 성경번역본들에서 가장 선한 것과 차이점들로 나뉘어 번역되었다. 그러나 '바른 것들을 올바로 분별할 줄 알아'로 번역되어야 한다. διαφέρω는 '탁월하다'와 '차이가 나다'라는 두 뜻을 갖는다.

앞 절에서 지식과 지각과 연관해서 사랑을 말하였으니 결국 바른 사랑을 할 수 있도록 분별할 수 있는 능력을 말하는 것이다. 그러면 바른 것들을 잘 분별하여 흠 없게 되는 것을 말한다.

2. 바른 것을 올바로 고르는 것은 분별력을 요구한다.

우리는 실제 상황에서 어떤 것을 골라야 할지 모를 때가 많다. 가장 적합한 것을 고르는 것은 분별력을 필요로 한다. 바로 선택하고 합당한 것을 고르는 것은 바른 영적 지각과 지식을 필요로 한다.

3. 경우에 맞게 바로 선택해야 신앙적으로 깨끗하고 나무랄 데가 없게 된다.

그리스도인은 당위의 사람이다. 그러므로 선택할 때 언제나 당위의 사항을 선택해야 한다. 그런데 세상적인 이익과 육체적인 편리함을 따라 선택하면 후회와 양심의 가책을 경험한다. 그러므로 그리스도인들은 선택할 때 분별력과 바른 선택을 필요로 한다. 그러므로 우리가 당위의 사항을 선택하면 후회가 없게 된다. 둘 중에 하나를 선택할 때 혹은 여럿 중에서 하나를 선택할 때는 바른 판단력과 지식을 필요로 한다. 어떤 것을 선택해야 좋을지 모를 때처럼 분별력이 필요한 것이 다시없다. 바로 이 분별력을 바울이 강조하고 있다.

그러나 당위, 곧 정당한 것을 선택하지 못하게 되면 후회하게 된다. 그럴 때 양심이 괴롭고 구김살을 갖게 되어 허물이 된다. 이익에 관련하여 선택하면 양심이 가책을 받는다.

양심에 가책이 없고 신앙에 손해가 없도록 선택해야 한다. 그것이 깨끗하고 나무랄 데가 없게 되는 것이다.

4. 그리스도의 날은 재림의 날인데, 이때까지 깨끗하고 흠이 없어야 한다는 것은 매일 바른 선택을 해서 그리스도인으로서 합당해야 함을 말한다.

그리스도인은 매일 적당하게 살면 안 되고, 그리스도인으로서 바른 선택을 하면서 살아야 함을 말한다. 그때마다 최선의 선택을 해야 한다. 바른 선택을 함으로 흠이 없고 양심의 뉘우침이 없어야 한다. 그렇지 않고 그리스도인이 육적인 욕망에 끌려서 선택하면 늘 후회하고 그때 했던 행동이 정당하지 못했음을 인해서 괴로워하게 된다.

빌 1:11 예수 그리스도로 말미암아 의의 열매가 가득하여 하나님의 영광과 찬송이 되게 하시기를 구하노라

GNT 1:11 πεπληρωμένοι καρπὸν δικαιοσύνης τὸν διὰ Ἰησοῦ Χριστοῦ εἰς δόξαν καὶ ἔπαινον θεοῦ.

빌 1:11 예수 그리스도로 말미암은 의의 열매가 가득하여 하나님께 영광과 찬송이 되기 바랍니다.

1. '그리스도로 말미암은 의'라고 한 것은 그리스도를 믿음으로 의가 획득되었음을 말한다. 의는 하나님 앞에 살 수 있는 생존권이다.

타락 이후에는 아무도 하나님의 계명을 다 지켜서 의를 획득할 수 없기 때문에 그리스도께서 의, 곧 죄용서를 이루셨다.

그리스도께서 율법의 요구를 다 이루시기 위해 죽기까지 하나님의 뜻에 복종하셔서 곧 피 흘리심으로 죄용서를 이루어 죗값을 갚아 우리에게 선사하셨다. 그러므로 '그리스도로 말미암은 의'라고 하였다.

2. 의의 열매가 가득해진다는 것은 사랑의 선행이 많아지는 것을 말한다.

우리는 그리스도로 말미암아 의롭게 되었으면, 곧 죄용서 받았으면 의로워진 사람들로서 살아야 한다. 의롭게 된 자들은 사랑의 선행을 많이 해야 한다. 우리는 선행을 하도록 작정되었고, 선행을 행하도록 부름 받았다. 그러므로 사랑의 선행을 많이 해야 한다. 믿음의 가족뿐 아니라 불신자들에게도 선행을 하여 주의 은혜가 어떠한지를 보여줄 수 있어야 한다.

3. 우리의 선행은 하나님의 은혜로 이루어진다. 은혜로 그리스도인들이 선행을 하면 그것이 하나님께 영광이 된다. 왜냐하면 하나님의 은혜가 선한 행실을 하도록 만들었기 때문이다. 또 많은 사람들로 하나님의 이름을 찬송하게 한다.

의롭다 함을 입었어도, 곧 죄용서를 받았어도 선행은 자기의 힘으로 하는 것이 아니다. 선행은 오직 하나님의 은혜로만 할 수 있다. 하나님의 은혜의 역사로 우리를 통하여 선행이 나타난다. 선행이 나타나면 하나님께서 영광을 보신다. 하나님께서 자기의 은혜로 우리로 선행을 하게 하셨기 때문이다. 하나님이 영광을 보시면 사람들이 그의 이름을 찬송하게 된다.

빌립보서
Προς Φιλιππησιους

옥중에 매여서도 복음이 진보함: 1:12-18

1. 바울이 매여 있었어도 복음이 전파되어 시위대에게까지 이르렀다.
2. 바울의 매임 때문에 기쁨으로 복음을 전하는 사람들이 많이 생겨났다.
3. 다툼과 질투로 복음전파를 힘쓰는 사람들도 생겨났다.
4. 어떤 방식이든지 전파되는 것은 복음이다.

빌 1:12 형제들아 나의 당한 일이 도리어 복음의 진보가 된 줄을 너희가 알기를 원하노라

GNT 1:12 Γινώσκειν δὲ ὑμᾶς βούλομαι, ἀδελφοί, ὅτι τὰ κατ' ἐμὲ μᾶλλον εἰς προκοπὴν τοῦ εὐαγγελίου ἐλήλυθεν,

빌 1:12 형제들이여, 내게 일어난 일들이 오히려 복음의 진보가 된 줄로 알기를 바랍니다.

1. 바울은 지금 로마 옥중에 갇혀 있다. 그러나 로마 황실의 병사들과 함께 있으면서 그들에게 복음을 전하였기 때문에 황실에까지 복음이 전파되었다. 복음의 큰 진보이다.

바울은 자기를 지키는 로마 병사와 함께 수갑을 차고 살았다. 이 병사들에게 복음을 전하였다. 이들이 복음을 받아들여 변화되었다. 이들을 통하여 로마 황실에까지 복음이 전파되었다.

로마 황실에까지 복음을 전할 수 있게 되었으니 참으로 큰 복음의 진보가 아닐 수 없다. 로마의 옥에 갇혀 있으므로 바울은 복음을 자유로 전할 수는 없었다. 그러나 병사들에게 복음을 전함으로 로마 황실에까지 복음이 들어가게 되었으니 복음의 큰 진보이다. 아무도 할 수 없었던 일을 옥중에 갇힌 사도가 이렇게 할 수 있었다. 그는 근무를 서는 병사들에게 빠짐없이 복음을 전하여 그리스도를 받아들이게 하였다.

이제 이 복음이 로마 황실에 역사하여 그리스도인 황제가 출현하는 것은 시간문제가 되었다. 콘스탄티누스가 313년에 통일로마의 황제가 되어 기독교를 승인하게 되었으니 복음의 역사가 컸다. 그 이후에는 그리스도인 황제들이 로마를 다스렸다. 로마 황제가 그리스도인이 된 후에는 로마가 기독교국가가 되었다. 그 후에는 유럽이 기독교세계가 될 수 있었다. 옥중에 갇혀 있으면서 큰 복음의 진보를 이루었다.

빌 1:13 이러므로 나의 매임이 그리스도 안에서 온 시위대 안과 기타 모

든 사람에게 나타났으니

GNT 1:13 ὥστε τοὺς δεσμούς μου φανεροὺς ἐν Χριστῷ γενέσθαι ἐν ὅλῳ τῷ πραιτωρίῳ καὶ τοῖς λοιποῖς πᾶσιν,

빌 1:13 이러므로 나의 매임이 그리스도 때문인 것이 온 시위대와 다른 모든 사람들에게 드러났습니다.

1. 바울의 투옥이 범죄 때문이 아님이 밝혀졌다.

통상 사람이 옥에 갇히는 것은 범죄나 치안에 방해되는 일을 했을 때이다. 그러나 바울은 병사들과 함께 살면서 그들에게 복음을 전하기만 하였고, 자기에 대한 변명은 전혀 없었다. 자기변명은 전혀 없었고 예수 그리스도의 복음만을 전하고 소개하였다. 그러므로 바울의 투옥이 범죄 때문이 아님이 널리 인식되기 시작하였다.

2. 바울이 옥에 갇힌 것이 그리스도의 복음 때문이라는 것이 시위대와 다른 모든 사람들에게 확실히 드러났다.

바울은 유대인들에게 고소를 받아 옥에 갇힌 죄수가 되었다. 그러나 그 범죄는 일반 시민이 범한 죄가 아니었다. 보통 사람들의 이해와 상상을 넘어가는 일 때문에 죄수가 되어 옥에 갇혔다. 그것은 바로 예수 그리스도를 믿어 구원에 이른다고 전했기 때문이다. 이것은 유대인의 율법준수에 전적으로 배치되었다. 그러므로 유대인들의 고소를 받아 지금 로마 옥중에 갇혀 있다.

자기를 지키는 병사들에게 바울은 예수 그리스도의 복음을 전함으로 그의 투옥이 그리스도 때문인 것이 널리 알려졌다.

3. 이 사실이 시위대에 속한 병사들에게 다 알려졌을 뿐 아니라 그들이 복음을 믿게 되었다.

바울을 지켰던 병사들을 통해서 시위대의 모든 병사들에게 알려졌다. 이것은 바울의 재판이 어떻게 결말날지를 말해주는 단서이기도 하다. 아직은 로마 황제 네로가 기독교를 핍박하기 전이므로 사형판결은 아닐 것으로 여겨졌다. 즉 범죄자가 아니기 때문에 석방될 수 있다는 것을 암시한다.

바울의 복음전도를 들은 병사들은 단지 바울의 형편을 이해하고 동정하는 수준이 아니었다. 그들은 복음을 받아들였다. 로마 황제의 군대가 그리스도인들로 채워지고 변화되기 시작하였다.

4. 황제의 시위대에 복음이 전파되었으니 황실에도 복음이 전파되기 시작했음을 암시한다.

네로 황제의 시위대에 복음이 전파되었다. 많은 병사들이 복음을 받아들였으면 황실에도 복음이 전파되는 것은 확실한 일이었다. 바울의 로마 체류 이후에는 복음이 역사하여 황실을 완전히 변화시킬 준비가 다 되었다. 이제 그리스도인 황제의 출현은 시간문제가 되었다.

빌 1:14 형제 중 다수가 나의 매임을 인하여 주 안에서 신뢰하므로 겁 없이 하나님의 말씀을 더욱 담대히 말하게 되었느니라

GNT 1:14 καὶ τοὺς πλείονας τῶν ἀδελφῶν ἐν κυρίῳ πεποιθότας τοῖς δεσμοῖς μου περισσοτέρως τολμᾶν ἀφόβως τὸν λόγον λαλεῖν.

빌 1:14 주 안에서 많은 형제들이 나의 사슬에 매인 것을 확신하므로 겁 없이 더욱 담대히 말씀을 전파하게 되었습니다.

1. 바울이 옥에 갇힘은 병사들에게만 복음을 변명하고 전하게 된 것이 아니다. 다른 형제들도 담대히 복음을 전하도록 하는 계기가 되었다.

바울은 옥에 갇혀 있으면서도 복음을 전파하고 있다. 그러면 자유로운 형제들이 어찌 평안한 중에서도 복음을 전하지 않을 것인가? 옥에 갇혀도 복음을 전하였기에 자유로운 사람들이 복음을 전하지 못할 핑계가 하나도 없게 되었다.

2. 전에는 주저하던 사람들이 담대히 복음을 전하도록 분발하게 되었다.

전에는 많은 형제들이 편안한 중에서도 복음을 전하는 일을 주저하였다. 그러나 지금 바울은 옥에 갇혀 있으면서도 복음을 열심

히 전하고 있다. 그것을 보고서 주저하며 망설이던 사람들이 담대히 복음을 전하도록 분발하게 만들었다.

빌 1:15 어떤 이들은 투기와 분쟁으로, 어떤 이들은 착한 뜻으로 그리스도를 전파하나니

GNT 1:15 Τινὲς μὲν καὶ διὰ φθόνον καὶ ἔριν, τινὲς δὲ καὶ δι' εὐδοκίαν τὸν Χριστὸν κηρύσσουσιν·

빌 1:15 그러나 어떤 사람들은 질투와 다툼으로, 어떤 사람들은 선한 뜻으로 그리스도를 전파하고 있습니다.

1. 복음을 열심히 전파한 사람들이라도 다 같은 뜻으로 한 것이 아니었다. 바울이 복음전파의 전매특허를 받은 것 같은 처지를 시기해서 복음을 전하기도 하였다. 많은 사람들이 바울의 전매특허 같은 전파를 질투하였다. '바울이 전하는 그리스도를 난들 왜 못하겠느냐? 너만 전하느냐? 나도 할 수 있다.' 이렇게 하여 복음을 전하기 시작한 사람들이 있었다. 그렇게 시기하고 질투해서 복음 전파를 하여도 결과는 동일하다. 즉 그리스도가 전파된다.

바울은 그리스도 전파에 만족하였다. 바울은 그리스도를 전하는 것을 일생 목표로 삼았기 때문이다.

2. 또 다툼으로 전파하는 사람들도 있었다.

바울이 전도해서 시위대를 복음화하기 시작한 것은 다툼을 일으킬 만한 일이었다. 자유인도 못하는 황실 전도를 바울은 하였기 때문이다.

시위대만 복음전파를 받은 것이 아니라 황실에까지 복음이 전파되어 들어갔다. 이런 것을 알게 된 로마의 그리스도인들은 다투는 수준까지 되었다. '우리는 무얼 하고 있다가 바울에게 선수를 빼앗겨 시위대와 황실 전도를 할 수 없었던가?' 이것을 깨닫고 다투는 수준이 되었다. 그래서 바울에게 더 이상 주도권을 빼앗기지 않으려고 하였다.

3. 그러나 선한 뜻으로 전도한다는 것은 복음을 받아 그 복음에 대한 감격으로 사람들이 구원에 이르기 바라는 열정으로 복음을 전파하는 것이다. 그런 사람들도 많이 일어났다.

시기와 질투로 복음을 전하였지만 그래도 전파된 이는 그리스도이다. 이와 달리 어떤 사람들은 복음을 받은 감격으로 복음을 전하였다. 그리하여 자기들과 같은 구원의 자리에 다른 사람들이 이르기 바라서 복음을 전하였다. 선한 마음에서 시작한 복음전파로 그리스도가 더 잘 전파되었음이 확실하다. 그러나 바울에 대해 인간적으로 온전한 마음을 갖지 못한 사람들도 그리스도를 전파하였으니 모든 것이 합동하여 유익하게 되었다고 바울은 판단하고 있다.

빌 1:16 이들은 내가 복음을 변명하기 위하여 세우심을 받은 줄 알고 사랑으로 하나

GNT 1:16 οἱ μὲν ἐξ ἀγάπης, εἰδότες ὅτι εἰς ἀπολογίαν τοῦ εὐαγγελίου κεῖμαι,

빌 1:16 이들은 내가 복음을 변호하기 위해 세워진 것을 알고서 사랑으로 전파하나

1. 선한 뜻으로 복음을 전파하는 사람들은 바울이 복음전파를 독차지한 것으로 보지 않고 복음을 변호하기 위함임을 알았다.

복음전파는 어떤 한 사람의 독차지가 아니다. 또 어떤 부류의 사람들에게 한정된 것이 아니다. 그러나 복음전파를 위해 세워진 사람들이 있다. 사도들이 그런 사람들이다. 바울도 복음전파를 위해 세워진 사도이다. 사도는 복음만 전파하는 것이 아니라 복음의 변호와 수호도 담당한다. 바울이 복음전파와 수호를 담당하였다. 어떤 그리스도인들은 바울의 직임을 바로 알았다.

2. 바울의 복음전파와 수호의 직임을 알고서 이 그리스도인들은 바울을 사랑하여 복음을 전하였다.

순전한 마음으로 복음을 전파한 로마의 그리스도인들은 바울을 사랑하여 복음을 전파하였다. 바울을 복음의 동역자로서 인정하고

사랑으로 그리스도를 전파하기 시작하였다.

빌 1:17 저들은 나의 매임에 괴로움을 더하게 할 줄로 생각하여 순전치 못하게 다툼으로 그리스도를 전파하느니라

GNT 1:17 οἱ δὲ ἐξ ἐριθείας τὸν Χριστὸν καταγγέλλουσιν, οὐχ ἁγνῶς, οἰόμενοι θλῖψιν ἐγείρειν τοῖς δεσμοῖς μου.

빌 1:17 저들은 나의 매임에 괴로움을 더하게 할 줄로 생각하여 순전하지 못하게 당파심에서 그리스도를 전파합니다.

1. 바울이 감옥에 있어서 자유롭게 복음을 전파하지 못한 것을 보고, 어떤 사람들은 우리가 마음껏 전파하면 바울이 괴로움을 당할 줄로 여긴 것이다.

2. 바울에게 괴로움을 줄 것으로 예상하고 복음을 전파하였으니 복음전파로 사람들을 구원하려는 뜻으로 전하지 않았다.

바울에게 고통을 줄 생각으로 그리스도를 전파하였으니 순수한 마음으로 사람들을 그리스도께로 인도하여 구원에 이르게 할 뜻은 적었다. 바울이 마음대로 전할 수 없는 복음을 전한다는 자부심으로 전파하였다.

3. 여기 ἐριθεία (에리떼아), 당파심은 ἔρις, 질투에서 나온 것이 아니고 ἔριθος (에리또스), 곧 삯으로 고용된 종이란 단어에서 나왔다. 그러므로 자기 파의 이익을 우선하는 당파심을 말한다.

아마도 여기서는 유대주의자들이 그리스도 전파를 했다고 할 수 있다. 자기들의 주장 혹은 노선에 서서 그리스도를 전파하였다고 볼 수 있다.

빌 1:18 그러면 무엇이뇨 외모로 하나 참으로 하나 무슨 방도로 하든지 전파되는 것은 그리스도니 이로써 내가 기뻐하고 또한 기뻐하리라

GNT 1:18 τί γάρ; πλὴν ὅτι παντὶ τρόπῳ, εἴτε προφάσει εἴτε ἀληθείᾳ, Χριστὸς καταγγέλλεται, καὶ ἐν τούτῳ χαίρω· ἀλλὰ καὶ χαρήσομαι,

빌 1:18 그러면 무엇입니까? 겉치레로 하든지 진심으로 하든지 모든 방식으로 그리스도께서 전파되니 이것으로 내가 기뻐하고 더욱 기뻐할 것입니다.

1. 순전한 마음으로 그리스도를 전파하지 못해도 결국 그리스도가 전파된다.

바울의 목표는 그리스도 전파이므로 어떤 방식으로 그리스도가

전파되든지 결국은 그리스도가 전파되는 것이므로 이것으로 기뻐한다고 하였다. 비록 그들은 바울의 매임에 고통을 더할 뜻으로 그리스도를 전파하고 진행하였어도 전파되는 이는 그리스도이시다. 바울은 이것을 목표하였다. 자기 목표가 이루어졌으니 다른 것은 상관할 바가 아니다.

2. 진심으로 그리스도를 전파하는 것은 쌍수로 환영할 일이다.

바울은 옥에 갇혔으므로 자유롭지 못하였다. 그런 빈자리를 동역자들이 채우고 있다. 이것처럼 반가운 일은 없다. 바울은 이것을 기뻐하고 있다. 그리고 계속해서 만족하고 기뻐할 것이다.

빌립보서
Προς Φιλιππηνσιους

> 복음전파를 끝까지 계속하기를 원함: 1:19-26

1. 복음전파로 그리스도를 존귀히 되게 하는 목적을 가졌다.
2. 죽지 않고 살아남아 복음전파를 계속하며 빌립보교회도 방문하기를 바랐다.

빌 1:19 이것이 너희 간구와 예수 그리스도의 성령의 도우심으로 내 구원에 이르게 할 줄 아는 고로

GNT 1:19 οἶδα γὰρ ὅτι τοῦτό μοι ἀποβήσεται εἰς σωτηρίαν διὰ τῆς ὑμῶν δεήσεως καὶ ἐπιχορηγίας τοῦ πνεύματος Ἰησοῦ Χριστοῦ,

빌 1:19 이것이 여러분의 간구와 예수 그리스도의 영의 도움으로 말미암아 내 구원에 이르게 할 줄 압니다.

1. 이 복음전파가 완료되면 바울은 자기 일을 다한 것이므로 자기 삶을 마칠 줄로 알았다.

바울은 복음전파를 위해서 세워졌다. 자기가 직접 전하지 못해도 그리스도가 전파되면 자기 사명을 다한 것이다. 자기 사명을 다하면 일생이 마쳐진다. 그래서 일생을 마치고 구원, 곧 영생에 이를 것을 확신하였다.

2. 복음전파의 완수에는 성도들의 간구와 성령의 능력 공급이 필수적이다.

복음전파는 성령의 사역이다. 성령께서 복음전도자로 오셨다. 복음전파를 위해 성령께서 사람을 쓰신다. 성령이 직접 전파하시는 것이 아니라 사람을 통해서 전파하신다. 따라서 복음을 전파하는 사람은 성령의 능력을 힘입어야 한다. 성령이 능력을 전도자에게 주시지 않으면 사람의 전파는 아무런 열매를 맺지 못한다.

그러므로 성령께서 능력을 베푸시기를 간구해야 한다. 성령의 역사하심으로만 복음전파가 가능하고 열매를 맺는다. 성령의 역사와 능력 공급에는 성도들의 기도와 간구가 필수적이다. 성령은 성도들의 기도를 통하여 역사하시기 때문이다.

빌 1:20 나의 간절한 기대와 소망을 따라 아무 일에든지 부끄럽지 아니하고 오직 전과 같이 이제도 온전히 담대하여 살든지 죽든지 내 몸에서 그리스도가 존귀히 되게 하려 하나니

GNT 1:20 κατὰ τὴν ἀποκαραδοκίαν καὶ ἐλπίδα μου ὅτι ἐν

οὐδενὶ αἰσχυνθήσομαι, ἀλλ᾽ ἐν πάσῃ παρρησίᾳ ὡς πάντοτε καὶ νῦν μεγαλυνθήσεται Χριστὸς ἐν τῷ σώματί μου, εἴτε διὰ ζωῆς εἴτε διὰ θανάτου.

빌 1:20 나의 간절한 바람과 소망을 따라 아무 일에도 부끄럽지 않고 전과 같이 이제도 모든 담대함으로 사나 죽으나 그리스도가 내 몸에서 존귀히 되시는 것입니다.

1. 바울은 자기의 죽음도 예상하고 있었다. 그것이 '사나 죽으나'로 표현되었다.

바울은 로마 옥중에서 황제의 재판을 기다리고 있다. 바울이 옥에 갇혀 있었더니 다른 그리스도인들이 그리스도를 전파하는 일을 시작하였다. 순전하지 못한 뜻도 있었지만 어떻든 복음은 전파되었다. 어떤 방식으로든 복음이 전파되면 자기의 소임이 다 이루어지는 것이다. 그러면 더 이상 육체적 삶을 지속해야 할 당위가 없어진다. 그러므로 바울은 빌립보서를 쓸 때 얼마 되지 않아서 황제의 재판이 이루어질 것을 기대하였다. 이 재판에서 석방이나 죽음이 이루어질 것으로 보았다.

2. 죽어도 그리스도를 전파하다가 또 그 때문에 죽는다. 그리스도를 구주로 전파하는 것이 그리스도가 존귀히 되시는 일이다.

바울이 그리스도를 전파하여 많은 이방인들이 그리스도가 하나님의 아들로서 구주이심을 믿게 되었다. 바울이 죽게 되어도 그리스도 전파 때문에 죽게 된다. 이것이 그리스도가 바울의 몸에서 존귀히 되시는 것이다.

3. 살아 있게 되면 복음전파를 더할 수 있다. 그러면 많은 사람들이 예수 그리스도가 하나님의 아들로서 구주임을 믿고 고백하게 된다.

이것이 살아도 바울의 몸에서 그리스도가 존귀히 되시는 일이다. 살아서 복음을 전파하면 더 많은 사람들이 그리스도를 믿고 구원에 이를 것이다.

4. 바울은 그리스도 전파를 간절히 바랐다. 또 그것을 소망하였다.

바울은 그리스도가 존귀히 되시기를 간절히 바랐다. 그 일이 자기의 수고를 통하여 이루어졌다. 그러므로 그리스도께서 높이 되신 것이 이루어졌다. 왜냐하면 그리스도가 하나님의 아들로서 세상의 구주가 되사 피 흘리심으로 세상을 구원하셨다는 것이 믿어지고 고백되었으므로 그리스도께서 영광을 보시는 것이다.

5. 아무 일에도 부끄럽지 않다는 것은 복음전파가 어떤 방식으로 이루어져도 그것을 시기하거나 못마땅해하는 것이 아니라 기뻐하는 것을 말한다.

복음전파가 그릇된 동기에서 나와도 바울은 기뻐하였다. 그리스도가 전파되기 때문이다. 이때는 아직 이단적인 그리스도나 자유주의 그리스도를 전한 것이 아니다. 다른 사람들도 성경의 그리스도를 전파하였다. 어떤 형태로든지 그리스도가 전파되었다. 그 복음전파를 탓하면 부끄러운 일이 될 것이다.

6. 언제나 그랬듯이 지금 죽음이 임박한 상황에서도 복음을 전파하는 일을 계속하여 그리스도를 전파하기를 바랐다.

상황이 복음을 자유롭게 전파하지 못하게 하여도 담대히 복음을 전파하여 그리스도를 믿게 할 뿐만 아니라, 비록 믿지 않는다 하더라도 그리스도를 하나님의 아들로 알도록 하는 것이다. 그리스도를 믿지 않은 사람들도 그리스도가 하나님의 아들이심을 듣게 되었다. 그러므로 그런 사람들에게서도 그리스도는 존귀히 되신 것이다.

7. 바울이 죽어도 그리스도 때문에 또 복음전파 때문에 죽는다. 그러므로 자기의 죽음이 그리스도가 영광을 보시는 길이다.

바울은 죽어도 자기의 죄 때문에 죽는 것이 아니다. 자기의 범행으로 죽는 것이 아니다. 그의 죽음은 순전히 그리스도 전파 때문에 이루어진다. 그러면 바울의 죽음은 비참한 죽음이 아니라 순교이다. 그것은 그리스도의 이름 때문에 이루어진다. 그러므로 그리스도가 영광을 보신다.

빌 1:21 이는 내게 사는 것이 그리스도니 죽는 것도 유익함이니라

GNT 1:21 ἐμοὶ γὰρ τὸ ζῆν Χριστὸς καὶ τὸ ἀποθανεῖν κέρδος.

빌 1:21 내 안에 사시는 것이 그리스도이시니 죽는 것도 유익함이기 때문입니다.

1. 바울의 삶의 목표는 그리스도이므로 그의 삶은 그리스도께서 사시는 것이다.

바울은 그의 삶의 목표를 그리스도로 삼았다. 복음을 전하는 것만이 바울의 목표가 아니다. 그의 삶의 전부를 그리스도가 지배한다. 그의 생각도 전부 그리스도에게 집중되어 있다. 바울의 생각을 지배하는 이가 그 안에서 사시는 이이다. 바울의 사랑의 대상도 그리스도이다. 바울은 여자도 없었다. 한 여자를 아내로 가졌으면 아내를 사랑함과 그리스도를 사랑함이 나뉠 것이다. 그러나 바울은 아내도 없고 여자도 없었다. 그러므로 사랑의 대상은 그리스도뿐이다. 바울이 그의 사랑의 감정을 향할 대상은 그리스도뿐이다. 생각과 사랑의 대상이 그리스도뿐이므로 사시는 이는 그리스도이고 바울이 아니다.

2. 죽는 것을 바랄 사람이 아무도 없지만 지금의 상황에서 죽음을 피할 수 없으면 죽는 것도 거부할 수 없었다.

재판을 받아 사형언도를 받으면 피해나갈 길이 없다. 죽어서 그리스도께로 가는 길밖에 없다. 죽고 사는 것은 전적으로 황제의 판결에 달렸다. 죽어야 한다면 남자답게 죽음을 받아들일 수밖에 없다.

3. 모든 것을 그리스도를 위해서 살았으면 죽어도 더 바랄 것이 없다.

이제 죽는 마당에 그리스도를 위해 살다 죽는 것이므로 죽음도 합당하게 받을 것이다. 복음전파뿐 아니라 모든 것을 다 그리스도를 위해서 살았으면 죽어서 그리스도와 합치는 것이 유익이다. 이제 죽어도 더 바랄 것이 없다. 죽는 것이 유익이다. 모든 육체적 괴로움을 면하고 그리스도와 합치니 유익이라고 표현하였다.

빌 1:22 그러나 만일 육신으로 사는 이것이 내 일의 열매일진대 무엇을 가릴는지 나는 알지 못하노라

GNT 1:22 εἰ δὲ τὸ ζῆν ἐν σαρκί, τοῦτό μοι καρπὸς ἔργου καὶ τί αἱρήσομαι οὐ γνωρίζω·

빌 1:22 그러나 만일 몸으로 사는 이것이 내 일의 열매일진대 내가 무엇을 택해야 할지 나는 모르겠습니다.

**1. 육신 안에 계속 살게 된다면 복음을 전하게 되므로 이것이 바

로 바울의 일의 열매이다.

바울이 죽으면 육신의 괴로움을 다 벗어나서 평안히 주의 품에 안긴다. 그것을 바울이 바라고 있다. 그러나 계속 육신 안에 살게 되면 복음을 전하여 많은 열매를 맺는다. 이 일이 바울이 해야 할 일이므로 살아남으면 더 큰 열매를 맺는다.

2. 살아남아 복음을 전하는 일을 계속할 것인지 죽어서 주의 품에 안길지 선택하기 쉽지 않음을 말한다.

이제 재판을 받아 죽으면 주께로 간다. 이것이 그의 구원이므로 참으로 원하고 바란 일이다. 그러나 살아남으면 복음을 전하여 자기의 평생 소임을 다 수행하는 것이다.

3. 죽음의 판결이 날지 방면될지 알지 못하는 상황에서 무엇을 택해야 할지 알기 어렵다고 말한다.

지금 상황이 호전되고 있다. 곧 복음의 전파로 시위대가 복음화되고, 황실 안에도 복음을 받아들인 자들이 나오고 있다. 그러면 바울이 방면될 가능성이 높아졌다. 이때는 네로가 아직 기독교에 대해 적대적이지 않았다. 자기의 범죄에 대한 속죄양을 기독교도들에게서 찾지 않았다. 그러면 바울이 석방될 수 있다.

그러나 황제의 아내가 유대인이어서 유대인들의 불평을 전달받아 바울을 죽도록 판결할 수도 있다. 그러므로 죽을지 살아남을지 판정하기가 어려운 상황이다.

이런 상황에서 복음전파를 계속하기 위해서 살아남을 것이라고 말할 수도 없고, 죽어서 주님의 품으로 간다고 말할 수가 없다고 한 것이다.

빌 1:23 내가 그 두 사이에 끼였으니 떠나서 그리스도와 함께 있을 욕망을 가진 이것이 더욱 좋으나

GNT 1:23 συνέχομαι δὲ ἐκ τῶν δύο, τὴν ἐπιθυμίαν ἔχων εἰς τὸ ἀναλῦσαι καὶ σὺν Χριστῷ εἶναι, πολλῷ γὰρ μᾶλλον κρεῖσσον,

빌 1:23 내가 이 둘 사이에 끼어 있으나 몸을 떠나서 그리스도와 함께 있는 것이 훨씬 더 좋습니다.

1. 살게 될지 죽게 될지 둘 중에 어떻게 결판날지 몰라서 괴로워하는 판에 죽어 주께로 가는 것을 더 좋다고 보았다.

황제의 판결이 어떻게 날지 모르면서 살아 복음전파를 계속할 수 있다고 확신할 수도 없었다. 그러면 죽어서 주께로 가는 것이 좋다고 본 것이다. 이것이 육신의 모든 짐을 벗고 평안할 수 있는 길이다.

빌 1:24 그러나 내가 육신에 거하는 것이 너희를 위하여 더 유익하리라

GNT 1:24 τὸ δὲ ἐπιμένειν ἐν τῇ σαρκὶ ἀναγκαιότερον δι' ὑμᾶς.

빌 1:24 그러나 몸으로 살아 있는 것이 여러분을 위하여 더욱 필요할 것입니다.

1. 그러나 빌립보교회를 보고 싶고 또 복음의 내용을 더욱 풍성하게 설명하는 일에 있어서 바울은 자기 자신이 가장 적격이라고 보았다.

바울은 사랑하는 빌립보교회를 직접 보고 싶어 했다. 그리고 복음의 풍성한 내용을 더 자세히 설명할 수 있기를 바랐다. 그 일은 에바브로디도나 디모데보다 바울 자신이 더 적격이다. 그가 직접 복음을 처음 전하였기 때문이다. 바울은 소요 때문에 빌립보에서 오래도록 복음을 전하지 못하였다. 또 복음을 받아들여 그리스도인들이 된 사람들에게 풍성한 복음의 내용을 설명할 수 없었다. 지금이라도 바울은 빌립보에 오래 머물며 복음의 내용을 깊이 설명할 수 있기를 바라고 있다. 그러려면 바울이 살아 있어야 한다.

2. 이런 판단이 서므로 바울은 살아남기를 바랐다.

바울은 이런 판단을 했다. 이 판단대로 일하려면 살아남아야 한다. 그것이 육신 안에 머무르는 것이라고 하였다. 바울은 살아남기를 바라고 그렇게 결심하였다.

3. 그러나 석방 후에 바울이 어떻게 전파하고 살았는지에 대해서는 성경이 아무 보고도 하지 않는다.

바울은 석방되어 빌립보로 가서 그들과 교제하고 위로를 많이 받았을 것이다. 그러나 로마에서 그리스도를 전파하여 로마 황실을 복음화하는 일을 함으로 그가 할일은 다하였다. 그러므로 그 이후의 행적에 대해서는 성경이 아무 보고도 하지 않는다.

빌 1:25 내가 살 것과 너희 믿음의 진보와 기쁨을 위하여 너희 무리와 함께 거할 이것을 확실히 아노니

GNT 1:25 καὶ τοῦτο πεποιθὼς οἶδα ὅτι μενῶ καὶ παραμενῶ πᾶσιν ὑμῖν εἰς τὴν ὑμῶν προκοπὴν καὶ χαρὰν τῆς πίστεως,

빌 1:25 이것을 확신하므로 나는 여러분 모두와 함께 살고 머물러 여러분의 믿음의 진보와 기쁨이 될 줄 압니다.

1. 재판에서 풀려나면 제일 먼저 빌립보를 방문할 것을 약속한다.

바울은 이번 재판에서 풀려나서 빌립보를 방문하여 사랑의 교제를 깊게 할 것을 알린다. 먼저 빌립보로 가서 그들에게 감사하고 격려할 것이다. 무엇보다도 복음의 내용을 풍성하게 제시하고 가르침

으로 빌립보교회의 성장을 크게 도울 것임을 밝혔다. 그리고 자기가 빌립보로 가서 그곳에 살면서 그들을 가르치면 교회가 크게 유익을 볼 것을 확신하였다.

2. 며칠만 머무르는 것이 아니라 상당기간 살면서 가르칠 것임을 밝힌다. 그것을 밝히기 위해 μενω란 동사의 미래형인 μενέῶ를 사용하고 있다.

바울은 석방되면 빌립보를 방문해서 상당기간 그곳에 살면서 그들과 교제하고 복음의 풍성한 내용을 제시하고 가르칠 것이다.

3. 그렇게 가르쳐 믿음의 도의 내용을 깊이 풀어 밝히면 빌립보교회가 신앙에 있어서 말로 할 수 없도록 성장할 것이다. 믿음이 자라면 기쁨이 참으로 클 것이다.

믿음이 잘 자라는 길은 복음의 내용을 깊이 풀어 밝히는 것이다. 바울이 빌립보에 가면 복음의 풍성한 내용을 가지고 갈 것이다. 그리고 그것을 풀어서 밝힐 것이다.

바울이 빌립보에 가서 살면서 그들을 가르치면 사랑이 풍성한 빌립보교회는 믿음이 크게 성장할 것이다. 믿음이 자라면 구원의 기쁨이 넘쳐날 것이다. 그것을 위해서 바울은 빌립보에 상당기간 살 것으로 보인다.

빌 1:26 내가 다시 너희와 같이 있음으로 그리스도 예수 안에서 너희 자랑이 나를 인하여 풍성하게 하려 함이라

GNT 1:26 ἵνα τὸ καύχημα ὑμῶν περισσεύῃ ἐν Χριστῷ Ἰησοῦ ἐν ἐμοὶ διὰ τῆς ἐμῆς παρουσίας πάλιν πρὸς ὑμᾶς.

빌 1:26 내가 다시 여러분에게 감으로 그리스도 예수 안에서 나 때문에 여러분의 자랑이 더욱 풍성하게 되도록 하기 위해서입니다.

1. 자기들에게 복음을 전하여 그리스도의 구원에 이르게 했던 사도가 자기들에게로 다시 오면 그것은 큰 영광이고 자랑거리이다.

바울이 석방되자마자 다른 교회로 가지 않고 빌립보로 갔으면 빌립보교회에는 그것이 큰 자랑거리가 되는 것이다. 또 하나님의 크신 호의라고 감사하고 자랑할 것이다.

2. 그리스도의 복음을 전해준 사도를 다시 맞는다는 것은 그리스도 안에서 큰 자랑이 될 것이다.

3. 옥중에서 당한 고난뿐 아니라 시위대와 황실에서의 복음전파를 전해 듣고 더욱 자랑거리가 많아질 것이다.

로마 황실에 복음이 전파되어 들어간 경위를 들을 때 자랑거리가 많아지고 바울을 더욱 자랑으로 삼을 것이다. 시위대에 전도를

어떻게 시작했는지를 말할 것이다. 또 그들이 어떻게 변화되기 시작했는지를 말할 것이다. 그리고 그들이 다른 군사들에게 복음을 전하여 널리 입에서 입으로 전파되어 시위대가 크게 복음으로 돌아온 것을 바울이 말할 것이다. 그다음 이들 군사들에 의해 황실에 전파된 경위도 말할 것이다.

빌립보서

Πρὸς Φιλιππησίους

> **복음에 합당하게 살고 복음과 함께 고난도 받아야 한다: 1:27-30**

1. 복음에 합당하게 살아 비방받지 않도록 해야 한다.
2. 주 예수를 믿으니 고난도 함께 받아야 한다.

빌 1:27 오직 너희는 그리스도 복음에 합당하게 생활하라 이는 내가 너희를 가보나 떠나 있으나 너희가 일심으로 서서 한뜻으로 복음의 신앙을 위하여 협력하는 것과

GNT 1:27 Μόνον ἀξίως τοῦ εὐαγγελίου τοῦ Χριστοῦ πολιτεύεσθε, ἵνα εἴτε ἐλθὼν καὶ ἰδὼν ὑμᾶς εἴτε ἀπὼν ἀκούω τὰ περὶ ὑμῶν, ὅτι στήκετε ἐν ἑνὶ πνεύματι, μιᾷ ψυχῇ συναθλοῦντες τῇ πίστει τοῦ εὐαγγελίου,

빌 1:27 오직 그리스도의 복음에 합당하게 생활하시오. 이것은 가서 여러분을 보나, 떠나 있으나 여러분의 일들 곧 여러분이 같은 심령으로 굳게 서고 한마음으로 복음의 신앙을 위해 분투하는 것을 듣고자 합니다.

1. 복음에 합당하게 사는 것은 옛사람의 습관들을 벗어버리고 변화된 사람으로 그리스도의 법을 따라 사는 것을 말한다.

사람은 그리스도를 믿어 변화되어도 과거에 살던 대로 살기를 좋아한다. 특별히 제도적인 생활의 법을 벗기가 어렵다. 한국에서는 조상제사, 차례지내기 등의 전통적인 제도의 법을 벗기가 어렵다. 또 술자리와 담배피우기도 피하기 어려운 일들이다.

그리스도인이 되면 과거에 습관적으로 행하던 일들을 벗어버려야 한다. 죄악된 모든 습관과 행실을 벗어버려야 한다. 자리와 위치 때문에 그런 것을 중단하고 벗어버리지 못하면 죄악된 생활로 돌아가게 되어 있다.

또 그리스도인도 저런 일을 한다고 비난하는 모든 일도 다 중단하고 버려야 한다. 남녀 간의 일은 특별히 정절과 순결로 행해야 한다. 그렇지 않으면 곧 거기로 넘어가기 쉽다. 그것은 그리스도의 이름을 크게 훼손하는 것이어서 그리스도인으로 설 수가 없게 된다.

2. 마음이 변화되어 그리스도의 심장으로 사는 것이 복음에 합당하게 사는 것이다.

미워하는 마음을 바꿔 사랑의 마음으로 사람을 대하고 사는 것이 복음에 합당하게 사는 것이다. 사람은 본성으로 다른 사람을 미워하는 심성을 갖고 있다. 그런데 예수 믿으면 사람이 변화되므로 사람을 사랑하는 마음을 갖게 된다.

선한 마음으로 사람을 도우며 사는 것이 복음에 합당하게 사는 것이다.

3. 같은 심령과 마음으로 하나가 되어 굳게 서라는 것은 유오디아와 순두게의 분란으로 인하여 교회가 완전히 화합하지 못하기 때문에 완전히 한마음이 되고 한 심령이 되라고 한 것이다.

생각이 하나가 되면 한 생각과 한뜻을 갖게 된다.
빌립보교회는 사랑이 넘치는 교회이다. 그 교회는 선행하는 교회이다. 그런데도 교회 내에 사소한 분란이 있었다. 그것이 바로 유오디아와 순두게의 의견 차이였다 (빌 4:2-3). 의견 차이를 극복하고 서로 화합하여 복음을 잘 전파할 수 있기를 바울이 바랐다.

4. 복음이 전파되면 믿는 사람이 일어난다.

복음은 전파되면 반드시 결실을 맺어 사람들로 믿게 만든다. 여호와의 말씀은 허공에 헛되이 발해진 것이 아니다. 복음이 선포되면 반드시 믿음을 일으킨다. 화란개혁교회가 벨기에에서 복음을 전파하였는데 믿음이 일어났다. 그리하여 여호와의 말씀은 헛되이 돌아오지 않는다고 인용하였다. 즉, 복음이 선포되면 반드시 믿음이 일어난다.

5. 복음의 신앙을 위해 분투하는 것은 온 교회가 복음전파에 전력하는 것을 말한다.

교회가 힘쓸 일은 복음의 전파이다. 교회의 유지를 위해 애쓰는 것이 아니라 복음의 전파가 교회 사역의 첫 번째이다. 이 일을 위해 온 교회가 함께 힘써야 한다. 그것이 함께 분투하는 것이다. 복음전파는 그냥 말로 하는 것이 아니라 전인격으로 해야 할 일이므로 '분투'라고 표현하였다.

빌 1:28 아무 일에든지 대적하는 자를 인하여 두려워하지 아니하는 이 일을 듣고자 함이라 이것이 저희에게는 멸망의 빙거요 너희에게는 구원의 빙거니 이는 하나님께로부터 난 것이니라

GNT 1:28 καὶ μὴ πτυρόμενοι ἐν μηδενὶ ὑπὸ τῶν ἀντικειμένων ἥτις ἐστὶν αὐτοῖς ἔνδειξις ἀπωλείας, ὑμῶν δὲ σωτηρίας, καὶ τοῦτο ἀπὸ θεοῦ,

빌 1:28 아무 일에도 대적하는 자들에 의해 놀라지 않기를 바랍니다. 이것은 그들에게는 멸망의 증거이고 여러분의 구원의 증거이며 이것은 하나님으로부터 온 것입니다.

1. 사람이 믿음을 가졌을 때 대적자들에 의해 핍박과 놀림을 받으면 놀라게 된다.

그것도 한 사람이 아니라 많은 대적자들이 일어나 믿음을 반대하면 놀라고 두려워하게 된다. 복음을 믿는 믿음이 가장 확실한 구

원의 길로 알고 받아들였는데 반대와 훼방을 받으면 놀라게 되는 것이 당연하다.

2. 복음을 믿는 믿음을 훼방하고 반대하는 자들은 그들이 구원에서 제외되었다는 증거이다.

믿는 사람들이 전과 같이 세상적인 방식으로 살지 않아서도 반대하고 훼방한다. 그러나 그들이 그렇게 핍박하고 반대하는 것은 자기들은 구원에서 제외되어 멸망에 이를 자들이란 것을 반증하는 것이다. 그러므로 반대자들이 그리스도를 믿는 자들을 핍박하고 압박하는 것이 그들의 멸망의 증거라고 하였다.

3. 반대로 믿는 자들이 핍박을 받는다는 것은 믿는 자들이 참 구원에 이르렀다는 것을 반증하는 것이다.

믿는 자들이 핍박을 받는다는 것은 그 믿음이 참 구원임을 반증하는 일이다. 참 구원에 도달하였기 때문에 세상 사람들이 적개심을 드러낸 것이다. 또한 그들은 그리스도인들이 자기들의 무리에서 떨어져 나갔다는 핑계로 그들을 핍박한다.

4. 믿음으로 구원에 이름과 구원 밖에 서는 것은 하나님으로부터 온 것이다.

하나님만이 믿어 구원에 이를 자들과 믿지 않음으로 구원에 이르지 못할 자들을 나누고 결정하신다. 그러므로 이 일은 하나님께로부터 온 것이다.

믿어 구원에 이르는 것은 우리의 선택사항이 아니다. 하나님의 작정이기 때문이다.

빌 1:29 그리스도를 위하여 너희에게 은혜를 주신 것은 다만 그를 믿을 뿐 아니라 또한 그를 위하여 고난도 받게 하심이라

GNT 1:29 ὅτι ὑμῖν ἐχαρίσθη τὸ ὑπὲρ Χριστοῦ, οὐ μόνον τὸ εἰς αὐτὸν πιστεύειν ἀλλὰ καὶ τὸ ὑπὲρ αὐτοῦ πάσχειν,

빌 1:29 그리스도를 믿을 뿐 아니라 그를 위하여 고난도 받는 것이 은혜로 여러분에게 주어졌습니다.

1. 그리스도를 믿는 것이 은혜이다. 은혜 아니면 아무도 그리스도를 구주로, 하나님의 아들로 믿고 받을 수가 없다.

그러므로 그리스도를 믿는 것은 은혜의 역사이다. 아무도 자기 자신의 힘으로 구원에 이르기 위해 그리스도를 믿을 수 없다. 은혜를 입은 자들만이 그리스도를 믿는다.

2. 그리스도를 믿는 자는 구원에만 이른 것이 아니라 그리스도 때문에 고난, 곧 핍박도 받게 되어 있다. 그리스도를 믿는 자가 고

난받는 것은 전적으로 은혜로 된다.

그리스도를 믿는 자가 고난도 받는다. 그것은 그리스도를 믿기 때문에 받는 핍박을 말한다. 그리스도를 믿는 자가 핍박받고 고난 받는 것은 전적으로 은혜이다. 아무나 핍박과 고난을 감당할 수 있는 것이 아니다. 은혜를 입어야 이런 어려움을 감당할 수 있다.

그리스도를 위해 받는 고난 중에 가장 으뜸은 순교이다. 순교는 아무나 하는 것이 아니고 은혜를 입어야만 할 수 있다.

빌 1:30 너희에게도 같은 싸움이 있으니 너희가 내 안에서 본 바요 이제도 내 안에서 듣는 바니라

GNT 1:30 τὸν αὐτὸν ἀγῶνα ἔχοντες οἷον εἴδετε ἐν ἐμοὶ καὶ νῦν ἀκούετε ἐν ἐμοί.

빌 1:30 같은 싸움을 여러분도 싸우고 있는데 그것은 내 안에서 본 것이요 이제도 내 안에서 듣는 것입니다.

1. 복음 때문에 받는 핍박과 고난은 사도만이 아니라 모든 신자들이 다 당하는 일이다. 왜냐하면 복음이 언약주에게서 온 것임을 불신자들이 본능적으로 알기 때문이다.

다른 종교를 믿기 때문에 핍박받는 일은 없다. 그런 것에는 아무

런 이의도 제기하지 않는다. 그러나 그리스도를 믿으면 반대하고 핍박한다. 그러므로 신자들과 사도들이 다 핍박을 받고 고난을 받는다. 복음이 전파되고 믿어질 때 불신자들이 신자들에게 핍박으로 대응하는 것은 그 복음이 언약주에게서 온 것을 본능적으로 알므로 복음에 대해서 적개심을 드러내기 때문이다. 언약 파기자들이 언약주에게서 온 복음을 들으면 그들이 행한 언약 파기 때문에 반감과 적개심을 드러낸다. 그래서 핍박이 일어난다.

2. 사도가 복음을 빌립보에 전할 때에도 귀신들의 방해를 받아 감옥에 갇히고 태장에 맞았다. 그것을 빌립보교회가 직접 보았다. '그것이 내 안에서 본 것'이라고 하였다.

바울은 복음 때문에 장소를 옮겨 전도할 때마다 유대인들로부터 핍박을 받았다. 베뢰아에 있는 유대인들만이 이 증거가 성경대로인지를 살폈다. 이방인들도 그를 핍박하였다. 그러므로 바울의 전도는 고난의 길이었다. 고난이 늘 따라다니고 떠나질 않았다. 핍박으로 받은 고난, 곧 태장과 채찍과 차꼬에 채임 등으로 몸이 성하지 않았다. 그러므로 늘 의사를 대동해야 했다.

빌립보는 유럽의 첫 전도지여서 처음부터 고난을 받고 핍박을 받았다. 태장에 맞고 차꼬에 채워져서 깊은 감옥에 갇히었다.

3. 지금 로마에서도 고난받고 있다. 그리스도 때문에 감옥에 갇히고 고난받는다. 이것을 빌립보교회가 들었다.

바울은 로마에서 계속 매여 있었다. 얼마 되지 않아 황제의 재판을 받아 죽을 수도 있다. 그러면 그것은 고난의 절정이다. 거기까지 이르지 않아도 사슬에 매여 사는 것은 고난의 연속이다.

4. 지금 빌립보교회도 자기 지역으로부터 핍박과 고난을 받고 있다. 그것이 같은 싸움을 싸우는 것이다.

주 예수를 믿음으로 고난과 핍박을 받는 것은 처음 전도지역에서는 늘 있는 일이다. 언제나 그런 과정을 통과해야 한다. 빌립보교회도 예외일 수가 없어서 지금도 고난받고 핍박도 받고 있다.

빌립보서
Προς Φιλιππησιους

제 2 장

빌립보서

Προς Φιλιππησιους

> 일치와 사랑과 겸손을 권면함: 2:1-4

1. 선한 일들에 한마음으로 봉사해야 한다.
2. 선한 일에 허영보다 겸손하게 봉사해야 한다.
3. 다른 사람들의 형편도 보살펴야 한다.

빌 2:1 그러므로 그리스도 안에 무슨 권면이나 사랑에 무슨 위로나 성령의 무슨 교제나 긍휼이나 자비가 있거든

GNT 2:1 Εἴ τις οὖν παράκλησις ἐν Χριστῷ, εἴ τι παραμύθιον ἀγάπης, εἴ τις κοινωνία πνεύματος, εἴ τις σπλάγχνα καὶ οἰκτιρμοί,

빌 2:1 그러므로 그리스도 안에서 어떤 권면이나 사랑의 위로나 성령의 교제나 불쌍히 여김이나 자비가 있거든

1. 문장 처음에 '그러므로'를 넣어서 지금 믿는 믿음이 핍박과 고난을 통해서 나왔음을 기억하고 선행을 할 때 한마음으로 하라고

권하고 있다.

　핍박과 고난을 통해 믿음에 이르렀다. 그러면 그런 귀한 믿음을 가졌으니 선행을 할 때에도 한마음, 한 믿음으로 할 것을 권고하고 있다.

　2. 그리스도 안에서 격려나 사랑의 위로나 성령의 교제나 애정이나 자비가 있거든 다 함께 하여 같이 행함으로 바울의 기쁨이 넘치게 되기를 바라고 있다.

　3. παράκλησις (파라클레시스)는 위로나 격려 혹은 권면, 권고로 번역할 수 있다.

　여기서 권면이라고 한 것은 어떤 형제가 잘못했거나 그릇 행했을 때 바로 하도록 권고하는 것이다. 혹은 낙심한 상태에 있을 때 격려하고 힘을 얻도록 위로하는 것이다.

　4. 사랑의 위로 παραμύθιον ἀγάπης (파라무띠온 아가페스)는 힘 돋우고 상처를 가라앉히는 말로 진정시키는 행위이다.

　5. 성령의 교제 κοινωνία πνεύματος (코이노니아 프뉴마토스)는 식사를 나누듯 성령의 역사 혹은 은사를 서로 나누는 것을 말한다.

　6. 불쌍히 여김 혹은 긍휼 σπλάγχνα (스플랑크나)는 사람의 깊

은 감정이 우러나오는 내장 혹은 창자들을 말한다. 그러므로 측은히 여기는 마음을 말한다. 불쌍한 처지를 돌보아 주는 것을 말한다.

7. 자비 οἰκτιρμός (오익틸모스)는 어려운 처지에 처한 사람을 불쌍히 여기는 것이다.

8. 이런 그리스도인의 덕을 실행할 때 온전한 마음으로 모두 함께 베풀어야 함을 말한다.

> 빌 2:2 마음을 같이하여 같은 사랑을 가지고 뜻을 합하며 한마음을 품어
>
> GNT 2:2 πληρώσατέ μου τὴν χαρὰν ἵνα τὸ αὐτὸ φρονῆτε, τὴν αὐτὴν ἀγάπην ἔχοντες, σύμψυχοι, τὸ ἓν φρονοῦντες,
>
> 빌 2:2 같은 생각을 하고 같은 사랑을 가지며 뜻을 같이하고 한마음이 되어 내 기쁨을 충만케 하시오.

1. 그리스도인의 선한 덕들을 행할 때에 다 같은 마음과 생각을 가지고 완전히 일치해서 할 것을 권고한다.

온 교회가 한마음이 되어 그리스도의 덕을 행할 것을 권고하고 있다. 선한 일을 하는데 교회가 나뉘고 분란이 일어나면 안 된다.

2. 이 본문으로 살핀다면 유오디아와 순두게의 분란은 바로 교회가 선행을 하는 데 있어서 의견이 나뉘고 일치하지 않는 것이었다.

유오디아와 순두게의 의견 차이는 선행을 행하는 과정에서 일어났다. 누구를 돕고 어떻게 선행을 하며 은혜를 서로 나누어야 할지에 대해 서로 일치할 수 없었던 것 같다.

3. 온 교회가 한마음이 되어 그리스도인의 덕을 행한다면 바울이 빌립보교회를 향한 바람에 더할 것이 없어서 기쁨이 충만하게 될 것이다.

빌립보교회는 선행을 많이 하는 교회이다. 또 바울을 많이 돕는 교회이다.
단지 그리스도인의 덕을 실천하는 일에 온 교회가 한마음이 되어 한다면 기쁨이 한량없을 것이라고 하였다.

빌 2:3 아무 일에든지 다툼이나 허영으로 하지 말고 오직 겸손한 마음으로 각각 자기보다 남을 낫게 여기고

GNT 2:3 μηδὲν κατ' ἐριθείαν μηδὲ κατὰ κενοδοξίαν, ἀλλὰ τῇ ταπεινοφροσύνῃ ἀλλήλους ἡγούμενοι ὑπερέχοντας ἑαυτῶν,

빌 2:3 어떤 일이든 당파심이나 허영으로 하지 말고 겸손함으로 각각

자기보다 남을 낫게 여기시오.

1. 선행을 할 때 자기가 속한 파가 다한 것처럼 하고 싶은 마음이 많다. 그리고 자기의 공명심을 드러내기 쉽다. 그러므로 선행에서 분쟁이 나고 교회가 어지러워진다.

그러므로 무슨 일을 하든지, 특히 선행을 할 때 교회는 한마음이 되고 겸손하게 행해야 한다.

2. 특히 선행을 할 때 겸손함으로 해야 한다. 그렇지 않으면 자기가 잘나서 자기 것을 가지고 불쌍한 사람들을 돕는다고 교만하기 쉽다.

만일 교만한 자세로 선행을 하거나 잘난 사람으로서 가난한 사람들을 도우면 도움받는 사람들이 인격적인 모독감을 받아 굴욕을 느낀다. 지금 상황에서는 그 도움을 안 받을 수가 없어서 도움을 받지만, 마음에 감사한 생각을 갖지 않고 냉소적이 된다. 할 수 없이 받지만 때가 되면 적개심을 드러내고 등을 돌리게 된다. 도움받은 사람들이 돕는 사람에 대해 등을 돌리고 감사함을 갖지 않게 된 것은 돕는 사람들의 자세 때문이다. 사람은 영적인 존재이므로 도움을 받는 사람들이 돕는 사람의 마음자세를 전달받는다. 마음자세 때문에 도움에 대해 전혀 감사함을 나타내지 않게 된다. 그러므로 선행을 할 때 돕는 사람은 겸손함으로 해야 한다.

그리고 하나님께서 주신 것을 나눠 갖는다는 자세로 행해야 한다. 가난한 사람들이나 어려운 사람을 도울 때 잘난 사람으로 돕는 것이 아니라 하나님이 주신 것을 나눠 갖는다는 자세로 해야 한다. 그럴 때에 도움받는 사람에게서 진정한 감사가 우러나게 된다.

3. 교회가 하는 선행은 언제든지 겸손함으로 해야 한다. 그렇지 않으면 선행을 하고서도 욕만 먹는다.

교회는 그리스도의 사람들인 줄을 불신자들이 다 안다. 그러므로 교회가 도울 때는 겸손하게 행동하고, 하나님이 주신 것을 나눠 갖는다는 자세로 해야 한다.

4. 우리는 남을 대할 때 세상적인 지위나 돈의 양에 의해서 판단하기 쉽다. 그러나 그리스도인들은 서로를 대할 때 상대방을 자기보다 나은 사람으로 대해야 한다. 그것이 사람을 대하는 인격적인 대접이다.

상대방을 자기보다 낮게 여길 때 진정한 만남이 있고 우정이 깊어질 수 있다. 무시하는 태도로 대하면 결코 좋은 관계를 가질 수가 없다. 상대방을 자기보다 낮게 여기는 마음자세가 바로 인격적으로 사람을 대하는 것이다.

5. 아마도 교회에 교만하게 행하는 사람들이 있었다고 할 수 있다. 특히 유오디아와 순두게가 서로 자기들이 잘났다고 여기고 상대방을 무시했다고 할 수 있다. 그래서 둘이 서로 화합하지 못하였

다. 따라서 그들은 선행을 행하는 데도 함께하는 일이 쉽지 않았다고 말할 수 있다.

빌 2:4 각각 자기 일을 돌아볼 뿐더러 또한 각각 다른 사람들의 일을 돌아보아 나의 기쁨을 충만케 하라

GNT 2:4 μὴ τὰ ἑαυτῶν ἕκαστος σκοποῦντες, ἀλλὰ καὶ τὰ ἑτέρων ἕκαστοι.

빌 2:4 각 사람은 자기의 일만 돌아보지 말고 다른 사람의 일도 돌아보시오.

1. 우리는 자기 일이 너무 중하고 크기 때문에 다른 사람의 일은 돌보지 못한다. 그러나 다른 사람의 형편도 돌아보아 서로 돕도록 해야 한다.

2. 다른 사람의 일은 다른 사람들의 이해나 유익이라고 할 수 있다.

그러므로 자기 이익만 구하지 말고 다른 사람의 유익도 함께 구해야 한다. 특히 다른 사람과 나눠 가질 때 공평하고 합당하게 나눠야 할 것이다. 자기 이익만 구하고 다른 사람에게는 유익이 돌아가지 않게 하면 공동체가 깨어진다. 그러므로 공동체는 국가든 지방자치단체든 교회든 공평하게 나눠 가져야 한다.

빌립보서
Προς Φιλιππησιους

> 그리스도 찬송시: 2:5-11

1. 그리스도는 하나님이시지만 겸손하시다.
   하나님이 겸손하시지 않으면 어떻게 사람이 되시는 일을 하실 수 있겠는가?
2. 하나님으로 계시지만 하나님과 동등함을 주장하지 않으셨다.
   하나님은 하나님이시기 때문에 영광과 존귀와 권세를 받으셔야 한다. 물론 천지통치도 행사하셔야 한다. 그러나 하나님으로서 받으실 영광과 존귀와 권세를 주장하지 않으셨다.
3. 자기를 비워 종의 형상을 입으셔서 사람이 되셨다.
   창조주가 자기를 비워 피조물의 형상을 입으심으로 사람이 되셨으니 이런 겸손이 어디 가능하겠는가? 하나님이 그렇게 겸손하실 수 있음에 감탄하고 있다.
4. 사람만 되신 것이 아니고 더 낮추시어 십자가의 죽음을 맛보셨다.
   하나님이 사람이 되신 것만도 감당하기 어려운데 그보다 더 낮아지셔서 십자가에 죽으심으로 세상을 구원하셨다.
5. 하나님은 만인이 그를 경배해야 하는 주의 자리로 복귀하게 하셨다.
   사람의 신분에서 세상 구원을 이루셨지만 본래 주의 자리로 복귀하게 하셨다.

6. 우리도 성육신하신 하나님의 겸손을 본받아야 한다.

빌 2:5 너희 안에 이 마음을 품으라 곧 그리스도 예수의 마음이니

GNT 2:5 τοῦτο φρονεῖτε ἐν ὑμῖν ὃ καὶ ἐν Χριστῷ Ἰησοῦ,

빌 2:5 여러분 안에 이 마음 곧 그리스도 예수 안에 있는 마음을 품으시오.

1. 바울은 여기서 겸손을 권고하면서 참 겸손의 근본을 제시한다.

겸손의 근본은 바로 예수 그리스도에게 있다. 그는 본래 하나님이시지만 겸손해지시어 사람이 되시고 십자가에 죽기까지 하셨다. 그렇게 하여 우리를 구원하셨다. 이런 예수 그리스도를 믿으면 겸손해질 수밖에 없음을 말한다.

2. 우리가 배울 겸손한 마음이 바로 그리스도 예수 안에 있는 마음이다.

우리는 겸손을 다른 데서 배우는 것이 아니라 바로 그리스도 예수의 마음에서 배운다. 그만이 참 겸손의 표본일 뿐 아니라 겸손 그 자체이다. 말로 설명할 수 없는 겸손이다. 말로 설명할 수 없을 뿐

아니라 헤아릴 수도 없는 겸손이다. 하나님 자신이 사람이 되사 죽기까지 하심으로 세상을 구원하셨으니 그런 겸손이 세상 어디에 있겠는가? 그런 겸손도 성립할 수 있는가? 그런데 그리스도 자신이 실제로 그렇게 겸손해지시고 낮아지셨다. 그것은 도저히 설명할 수도 없고 헤아릴 수도 없다. 헤아려도 표현하고 제시할 수 없다. 그러므로 겸손 자체에서 겸손을 배울 수밖에 없다.

빌 2:6 그는 근본 하나님의 본체시나 하나님과 동등됨을 취할 것으로 여기지 아니하시고

GNT 2:6 ὃς ἐν μορφῇ θεοῦ ὑπάρχων οὐχ ἁρπαγμὸν ἡγήσατο τὸ εἶναι ἴσα θεῷ,

빌 2:6 그는 하나님의 본체로 계시지만 하나님과 동등됨을 취할 것으로 여기지 아니하시고

1. 빌 2:6-11은 하나님의 성육신의 신비를 말하고 있다.

이 성육신의 신비를 말로 할 수 없기 때문에 찬송으로 바꾸었다. 이 그리스도 찬송시를 초대 예루살렘교회가 예배에서 사용하였다. 하나님의 성육신의 신비는 말로는 할 수 없고, 오직 찬송시로 표현할 수 있다.
하나님이 사람을 구원하기 위하여 사람이 되시되 아버지 하나님

과 동등됨을 당연한 것으로 주장하지 않고 자기를 비워 종의 형상을 입어 사람으로 나타나시고 사람으로 발견되었다.

하나님이 사람이 되신 것을 말로는 바로 설명할 수 없기 때문에 하나님으로서 하나님의 동등성을 버리셨다고 하였다. 그뿐만 아니라 사람이 되기 위해 종의 형상을 입어 사람이 되셨음을 말한다.

2. ἐν μορφῇ θεοῦ (엔 모르페 떼우)는 글자대로는 '하나님의 형상으로'이다. 형상은 존재방식을 뜻한다. 그러면 하나님의 존재방식으로 계시던 분이라고 해야 한다. ἐν μορφῇ θεοῦ ὑπάρχων는 하나님의 형상으로 계시는 것이다. 그러나 우리말 번역은 본체 혹은 실체를 취하였다. 왜냐하면 μορφῇ (모르페)에 본성의 뜻이 들어 있기 때문이다. 그래서 본체로 계시다고 번역하였다.

3. 하나님의 형상으로 계셨다는 것은 하나님의 존재방식으로 계시다, 곧 하나님으로 계신 것을 말한다. 그것은 하나님의 엄위와 영광으로 계신 것을 말한다.

그리스도는 그 자신인 하나님의 신성으로 계신다. 신성에는 영광과 엄위가 늘 드러난다. 그리고 그 영광과 엄위로 나타난다.
성육신하기 전의 상태 곧 하나님으로 계신 상태를 선재라고 한다.

4. 하나님과 동등됨을 취할 것으로 여기지 않은 것은 하나님으로서 영광과 엄위로 나타나셔야 하는 것이 당연한데도 그렇게 하지 않으심을 말한다.

그리스도는 하나님 아버지와 동등이시다. 신성과 권능과 영광에 있어서 동등이시다. 즉 아버지의 신성 자체로 계신 것을 말한다. 그러면 그가 나타나실 때 언제나 영광과 엄위로 나타나셔야 한다. 그렇게 나타나심이 마땅하다. 그러나 그렇게 하시는 것이 의당한데도 그렇게 하지 않으셨다. 그리스도의 겸손은 바로 그가 사람들에게 나타나실 때 영광과 엄위로 나타나셔야 하는데도 그렇게 하지 않으시고 사람의 형상으로 나타나신 데 있다. 창조주의 영광과 엄위에서 사람의 형상을 입으심으로 가장 낮은 자리에까지 오셨다. 그것이 그리스도의 겸손이다.

5. 하나님의 형상이 하나님의 본체 혹은 실체이어서 하나님으로 계신 분이면 왜 하나님의 형상으로 계시다고 ἐν μορφῇ θεοῦ (엔 모르페 떼우)라고 했느냐? 그것은 7절에 종의 형상을 입어 μορφὴν δούλου λαβών (모르펜 둘루 라본)과 대조하여 강조하기 위해서이다. 하나님이신 분이 종의 형상을 입으셨다는 사실을 강조하기 위해서이다.

6. 신약에서 형상을 예수 그리스도에게 적용했을 때는 형상 속에 원형이 함께 있음을 말한다.

하나님의 형상으로서 예수 그리스도는 그 형상을 보면 그 안에 원형도 함께 있음을 말한다. 따라서 예수 그리스도를 보면 하나님을 함께 보고 그 안에서 하나님을 본다. 이런 의미로 그리스도가 하나님의 형상이다.

7. 즉 하나님이 종의 형상을 입어 사람이 되셨다는 사실을 강조하고 있다.

하나님이 사람이 되사 종의 형상이 되셨으니 그리스도의 겸손의 극치를 말한다. 그가 사람으로 나타나실 때 그의 영광과 엄위를 사람의 형상에 숨기셨다. 그리하여 하나님과 동등됨을 나타내지 않으셨다.

빌 2:7 오히려 자기를 비어 종의 형체를 가져 사람들과 같이 되었고

GNT 2:7 ἀλλὰ ἑαυτὸν ἐκένωσεν μορφὴν δούλου λαβών, ἐν ὁμοιώματι ἀνθρώπων γενόμενος· καὶ σχήματι εὑρεθεὶς ὡς ἄνθρωπος

빌 2:7 오히려 자기를 비워 종의 형상을 취하사 사람들과 같이 되셨고 사람의 형체로 발견되셨습니다.

1. 자기를 비운 것은 하나님의 본성을 비운 것이 아니고 그의 영광과 엄위를 감추신 것을 말한다.

자기를 비운 것은 하나님으로서 하나님과의 동등성을 주장하지 않는 것을 말한다. 그것은 그의 영광과 엄위를 감추시어 사람들이 쉽게 알아보지 못하게 하심을 말한다. 육체 안에 감추심으로 사람의 모양으로만 나타나시고 하나님의 영광은 드러나지 않는 것을 말

한다. 영광만 아니라 엄위도 전혀 나타나지 않은 것이다.

2. 종의 형상을 입을 수 있으려면 바로 하나님의 영광과 엄위를 내려놓으셔야 한다. 즉 종의 형상을 입는 방식은 하나님의 영광과 엄위를 내려놓는 것이다.

하나님의 찬란한 영광과 엄위 그대로는 종의 형상을 입을 수 없다. 왕이 평민 복장을 입으려면 왕의 위엄스런 복장을 벗어야 한다. 마찬가지로 하나님이 피조물인 사람의 형상을 입으시려면 하나님으로서 그의 엄위와 영광을 내려놓으셔야 한다. 그것이 바로 자기를 비우심이다.

3. 사람과 같이 되셨다는 것은 육체를 취하심이고 사람의 인격까지 취하신 것은 아니다. 죄 없이 사람이 되셨기 때문이다.

그리스도는 사람의 육체와 영혼은 취하셨어도 인격까지 취하신 것이 아니다. 육체와 영혼을 취하셨으니 사람이 되신 것이고, 죄는 취하지 않으셨으니 사람과 같이 되신 것이다. 지금은 죄 없는 사람은 아무도 없기 때문에 사람은 죄를 떼어놓고는 생각할 수도 없다.
　죄의 자리는 사람의 인격이다. 그래서 인격의 기본 자리인 심장이 죄의 원천이고 인격의 원천이라고 한다.

4. 사람의 형체로 발견되었다는 것은 사람으로만 인정받은 것을 말한다.

그리스도는 완전한 사람으로 나타났기 때문에 모든 사람은 그를 사람으로만 알았다. 그것이 사람으로 발견된 것이라는 말씀의 뜻이다. 따라서 그가 하나님의 성육신이란 것을 계시 받은 자들 외에는 아무도 몰랐다. 그는 사람으로 시작하고, 사람으로 마쳤다. 그 때문에 모든 사람들은 그를 사람으로만 알았다. 부활로도 사람들은 그리스도를 하나님의 성육신으로 알 수가 없었다. 오직 사도 요한만이 그리스도의 부활 전에도 주 예수가 하나님의 성육신임을 알고 있었다. 특별한 은혜를 입어 이 신비를 알 수 있었다.

오직 성령의 증거와 계시로만 하나님의 성육신이 알려지고 믿어졌다.

빌 2:8 사람의 모양으로 나타나셨으매 자기를 낮추시고 죽기까지 복종하셨으니 곧 십자가에 죽으심이라

GNT 2:8 ἐταπείνωσεν ἑαυτὸν γενόμενος ὑπήκοος μέχρι θανάτου, θανάτου δὲ σταυροῦ·

빌 2:8 자기를 낮추시고 죽기까지 복종하셨으니 곧 십자가에 죽으심입니다.

1. 자기를 낮추셨다는 것은 성육신의 겸비보다 더 낮아지심을 말한다. 종의 형체로서 순종하신 것을 말한다.

하나님이 자기의 영광과 엄위를 벗고 사람이 되신 것도 말로 할 수 없는 겸비이다. 그런데 사람이 되신 수준을 넘어서서 더 자신을 낮추심을 말한다. 그것은 사람의 형체로 순종하심을 말한다.

2. 죽기까지 복종하신 것은 종의 형상을 입으셨기 때문이다.

그리스도가 죽기까지 복종하신 것은 종의 형상을 입으셨기 때문이다. 그리스도는 종으로서 복종하셨다. 죽음에까지 이른 순종을 하신 것이다. 죽기까지 한 순종이다.

3. 성경의 법에 의하면 주인이 잘못하면 주인이 매를 맞는 것이 아니고 종이 매를 맞는다.

그리스도께서 종의 형상을 입은 것은 종으로서 벌받기 위해서이다. 주인이 벌받는 것이 아니고 종이 벌받는다 (구약). 종의 신분에서 벌을 받아야 하기 때문에 종의 형상을 입은 것이다. 이렇게 하여 구약의 법을 성취하셔야 했다.

4. 죽음도 가장 처절한 죽음인 십자가에 못 박혀 죽는 죽음이다.

사람으로서 종의 형상을 입었기 때문에 죽음에 이르렀지만 십자가에 죽는 것은 차마 못할 일이다. 사람이 사람으로서 죽는 것은 당연한 귀결이다. 그러나 사람은 누구나 죽기를 싫어하고 무서워한다. 그냥 자연적인 죽음도 무서워하고 싫어한다. 그런데 십자가에 죽는다면 그런 죽음은 다 결사반대한다. 그런데 그리스도는 그의 인성으로 곧 사람으로서 십자가에 달려 죽음으로 하나님께 대한 순종을 완성하셨다. 아담이 나무에서 범한 죗값을 다 지불하기 위해 나무에 달려 죽어야 했다. 이 죽음을 그리스도가 감당하셨다. 이로써 하나님을 향한 순종을 완성하셨다. 그리스도가 인류의 죗값을 다 갚으셨으므로 그 죽음을 받는 자에게 죄가 용서되어 영생을 얻게 하셨다.

5. 죽을 필요가 없는 사람이 죽었으니 순종을 완성한 것이다.

그리스도는 사람이 되셨어도 죽어 마땅한 것이 아니다. 전혀 죽을 필요가 없었고, 죽어야 할 죄목이 없었다. 그가 죽은 것은 하나님의 구원 작정 때문이다. 그러므로 그의 죽음은 필연적이 아니고 선택이고, 순종이다. 그는 이 죽음에 이른 순종으로 이삭이 했던 순종을 완성하셨다.

6. 아브라함에게 약속하신 아들은 참 이삭 예수 그리스도였다. 그리하여 이삭의 순종을 완성하셨다.

이삭은 마지막 순종을 해서 죽어야 했다. 그러나 이삭은 죽음에 이를 수 없었다. 이삭의 경우는 실물 교훈이고, 그리스도의 죽음의 예표였기 때문이다. 예수 그리스도는 참 이삭으로서 이삭이 완성하지 못한 순종을 하셨다. 이 순종이 바로 죽음에까지 이른 순종이어서 이삭의 미완의 순종을 완성하셨다. 이 순종으로 세상을 구원하심으로 아브라함에게 이삭 제사로 계시하신 세상 구원을 다 이루신 것이다.

이스라엘은 그리스도의 성육신의 통로이고, 그리스도가 온 세상의 죄를 대신 속죄제사로 속량하실 목적으로 세워졌다.

빌 2:9 이러므로 하나님이 그를 지극히 높여 모든 이름 위에 뛰어난 이름을 주사

GNT 2:9 διὸ καὶ ὁ θεὸς αὐτὸν ὑπερύψωσεν, καὶ ἐχαρίσατο αὐτῷ τὸ ὄνομα τὸ ὑπὲρ πᾶν ὄνομα,

빌 2:9 이러므로 하나님도 그를 지극히 높이시어 모든 이름 위에 뛰어난 이름을 그에게 주셨으니

1. '이러므로'는 '이렇게 죽기까지 순종하셨으므로'를 지시한다.

그리스도께서 사람이 되실 뿐만 아니라 도저히 생각할 수도 없는 십자가의 죽음에 이르기까지 순종하셨다. 하나님도 그 순종을 받기만 하시는 것이 아니라 그 순종에 상응하는 조치를 하시기로 하셨음을 알린다.

2. 그리스도의 사역에 대해 하나님이 일하시므로 '하나님도'라고 하였다.

하나님은 생각하기도 어려운 순종을 받기만 하신 것이 아니라 하

나님도 그에 상응한 조치를 하기로 하셨다. 순종을 받으신 하나님이 일하시기 때문에 '하나님도'라고 하였다.

3. 하나님이 취하신 첫 번째 조치가 바로 예수 그리스도를 지극히 높이신 것이다.

예수 그리스도는 부활하기까지는 한낱 사람이고 랍비로만 알려졌다. 하나님이 그를 부활시키심으로 한낱 사람이 아니라 하나님의 성육신이심을 밝히셨다. 그리고 랍비 예수를 구주와 주로 삼으셨다. 주는 천지의 대권을 가지신 신적 통치자를 말한다. 예수 그리스도는 부활로 세상의 구주와 주가 되시고, 생명의 주가 되셨다. 즉 하나님의 자리에 복귀하시고 하나님으로서 경배 받게 되었다.

4. 모든 이름에 뛰어난 이름은 만왕의 왕이요 생명의 주가 되심을 말한다.

나사렛의 한 랍비로만 알려진 예수가 주가 되시되 생명의 주가 되셨다. 만왕의 왕이 되셨다. 천지의 대주재가 되셨다. 인성으로 도달할 수 있는 최고의 자리이다. 그가 하나님의 성육신이시기 때문에 그런 이름을 얻었어도 사람들의 눈에는 사람으로서 그런 이름을 얻으신 것이 된다. 그러므로 모든 이름 위에 뛰어난 이름을 얻게 하신 것이다.

율법세계에서는 하나님의 성육신이 불가능하다. 그런데 그런 불가능으로만 아는 율법세계에 성육신이 이루어졌다. 그리하여 사람으로 구원을 이루고, 그 구원자가 하나님의 성육신이심이 밝혀진 것이다.

5. 예수란 이름은 사람으로서의 이름인데, 그의 이름으로 사람들의 죽고 사는 것이 결정된다. 이것처럼 큰 이름이 세상에 다시없다.

예수의 이름으로 사람들의 죽고 사는 것이 결정되는 것처럼 더 큰 것은 없다. 생명과 사망이 결정되는 이름이므로 누가 그 이름 앞에 무릎 꿇지 않을 수 있을 것인가?

빌 2:10 하늘에 있는 자들과 땅에 있는 자들과 땅 아래 있는 자들로 모든 무릎을 예수의 이름에 꿇게 하시고

GNT 2:10 ἵνα ἐν τῷ ὀνόματι Ἰησοῦ πᾶν γόνυ κάμψῃ ἐπουρανίων καὶ ἐπιγείων καὶ καταχθονίων,

빌 2:10 예수의 이름에 하늘에 있는 자들과 땅에 있는 자들과 땅 아래 있는 자들로 모든 무릎을 꿇게 하시고,

1. 하늘에 있는 자들은 영적 존재들을 말한다. 그들도 주 예수의 이름에 무릎을 꿇게 되었다.

하늘에 있는 영적 존재들, 곧 천사들과 악령들도 다 예수의 이름에 무릎을 꿇게 되었다. 그런 영적 존재들은 주 예수의 이름으로 생

명과 사망이 결정되는 것이 아니다. 그런데도 주 예수가 천지의 대주재가 되셨으므로 그의 이름에 무릎을 꿇어야 한다.

2. 땅에 있는 자들은 땅 위에 사는 모든 사람들을 뜻한다.

거기에는 권력자인 왕과 황제와 다른 권력자들뿐 아니라 모든 사람들이 포함된다. 이미 죽은 자들과 산 자들이 다 땅 위에 있는 자들이다. 죽었거나 살아 있거나 모든 사람들이 다 예수를 주라고 고백하여 경배해야 한다.

3. 땅 아래 있는 자들은 지옥에 있는 악령들을 말한다. 사탄과 마귀들과 모든 귀신들이 다 주 예수의 이름에 무릎을 꿇게 되었다.

악령들은 이미 멸망으로 작정된 자들이므로 예수의 이름으로 생명과 죽음이 결정되지 않는다. 그러나 주 예수가 천지의 대주재가 되셨으므로 그런 악령들도 모두 주 예수의 이름에 무릎을 꿇고 그에게 경배해야 한다.

4. 예수의 이름에 무릎을 꿇는 것은 그를 주로서 경배하는 것을 말한다.

예수의 이름에 무릎을 꿇는 것은 그를 주로서 경배하는 것을 말한다. 천하 만물이 다 예수를 주로서 경배하게 되었다. 지금은 아니더라도 미래세계에서 모든 존재들이 다 주 예수의 이름을 경배하고 찬양할 것이다.

빌 2:11 모든 입으로 예수 그리스도를 주라 시인하여 하나님 아버지께 영광을 돌리게 하셨느니라

GNT 2:11 καὶ πᾶσα γλῶσσα ἐξομολογήσηται ὅτι κύριος Ἰησοῦς Χριστὸς εἰς δόξαν θεοῦ πατρός.

빌 2:11 또 모든 혀가 예수 그리스도를 주라고 고백하여 하나님 아버지께 영광이 되게 하셨습니다.

1. 입을 벌려 말을 할 수 있는 모든 존재자들은 다 예수 그리스도가 주라고 고백하게 만드셨다.

2. 주는 하나님의 호칭이다. 곧 주는 구약의 여호와 하나님의 호칭이다.

예수 그리스도를 주라고 고백하는 것은 예수 그리스도가 구약의 여호와이심을 증거하는 것이다.

따라서 주 칭호를 예수 그리스도에게 그대로 고백하게 하는 것은 예수 그리스도가 하나님이라고 고백하게 만드신 것이다. 즉, 예수 그리스도가 구약의 여호와 하나님이심을 고백하게 하셨다.

인성을 입은 예수 그리스도를 하나님으로 인정하기 쉽지 않다.

사람으로만 발견되기 때문이다. 그러므로 모든 입으로 예수 그리스도를 하나님이라고 부르게 하셨다. 사람인 줄 알았는데 그가 하나님이심을 고백하게 하셨다.

3. 예수 그리스도가 주로 고백 받으면 하나님 아버지가 영광을 받으신다.

예수 그리스도는 본래 하나님이신데 성육신하여 사람이 되셨으니 사람으로만 발견되었다. 그러나 예수 그리스도가 하나님의 아들이라고 고백하면 그가 본래 하나님이셨음을 고백하는 것이다. 따라서 하나님을 하나님으로 고백하는 것은 하나님 아버지께 영광이 된다. 하나님을 하나님으로 고백하는 것은 하나님께 합당한 영광이 되기 때문이다.

4. 온 천하가 다 예수 그리스도를 주라고 고백하는 데 일치한다.

지금은 그렇게 고백하고 무릎 꿇지 않아도 장래에는 모든 존재가 다 예수 그리스도를 하나님으로 고백하고 그의 이름에 무릎을 꿇을 것이다. 그때는 구원이 완성되어 예수 그리스도를 주로 알게 되고 하나님으로 알게 되어 그의 이름에 무릎 꿇고 고백하지 않을 수 없게 된다.

구원에 이르지 못할 자들도 다 예수 그리스도가 하나님의 성육신이고 하나님이심을 고백하고 그 앞에 무릎 꿇을 것이다. 그 심판 날에는 아무도 이 고백을 하지 않을 수 없게 된다.

빌립보서
Προς Φιλιππησιους

구원의 완성을 위해 최선을 다하며 거룩한 백성이 될 것을 부탁함: 2:12-18

1. 이미 구원받았지만 거룩하게 되는 일을 위해서 노력해야 한다.
2. 교회 일은 원망과 시비가 없이 하는 것이 바르다.
3. 흠 없이 거룩하게 삶으로 세상에 대해서도 모본이 되라.

빌 2:12 그러므로 나의 사랑하는 자들아 너희가 나 있을 때뿐 아니라 더욱 지금 나 없을 때에도 항상 복종하여 두렵고 떨림으로 너희 구원을 이루라

GNT 2:12 Ὥστε, ἀγαπητοί μου, καθὼς πάντοτε ὑπηκούσατε, ὡς μὴ ἐν τῇ παρουσίᾳ μου μόνον ἀλλὰ νῦν πολλῷ μᾶλλον ἐν τῇ ἀπουσίᾳ μου, μετὰ φόβου καὶ τρόμου τὴν ἑαυτῶν σωτηρίαν κατεργάζεσθε,

빌 2:12 그러므로 나의 사랑하는 자들이여, 여러분이 항상 순종하였듯이 나 있을 때뿐 아니라 지금 더욱 나 없을 때에도 두려움과 떨림으로 여러분의 구원을 이루시오.

1. 빌립보교회는 순종을 잘한 교회였다.

빌립보에 처음 교회가 세워질 때부터 그들은 복음의 도를 잘 받아들였다. 그리고 그 복음의 도를 따라 살았다. 이것이 순종이다. 그 복음의 도를 잘 붙잡고 있다. 순종으로 시작해서 순종으로 진행하는 교회이다.

2. 여기서 순종은 바로 믿은 것을 말한다.

순종과 믿음은 구분되지 않는다. 믿는 것이 순종이고, 순종이 바로 믿음이다. 복음의 도를 받아들인 것이 순종이고, 그것이 바로 믿음이다. 말씀의 선포를 믿으라고 하였는데 그 선포를 믿었으니 그 선포의 내용대로 순종한 것이다. 빌립보교회는 처음부터 바울이 전한 복음을 잘 믿고 받아들였다.

3. 믿음대로 사는 것은 바울이 함께 있을 때만이 아니고 없을 때에도 그대로 사는 것을 말한다.

교회를 세운 사도가 있을 때에 더 잘 순종하고 잘 믿으려고 열심 내는 것이 사실이다. 이제 사도가 없을 때에도 처음 믿을 때처럼 순종하고 열심 내야 할 것이다. 바로 이 순종과 믿음을 지금 사도가 없을 때에도 그전과 같이 하기를 바라고 있다.

4. 구원을 이루는 것은 거룩하게 되는 것을 말한다.

성화가 바로 이루어지는 것이 구원을 이루는 것이다. 거룩하게 된 자만이 주를 본다고 하였으니 (히 12:14), 성화를 이루는 것이 바로 구원을 이루는 것이다. 믿음으로 구원을 받았으니 그냥 지내면 되는 것이 아니다. 죄의 욕망을 버리는 것이 거룩해지는 것이다.

5. **거룩하게 되는 것은 죄에 대한 두려움과 하나님을 두려워함으로 이루어진다.**

죄를 범연히 알아서는 성화에 이를 수 없다. 죄와 의가 별로 다르지 않다고 생각하기 쉽다. 믿기 전에 살던 삶의 방식을 새사람이 된 후에도 계속하기 좋아한다.

그러나 죄된 욕망을 그리스도의 피로 소산시키는 것이 거룩하게 되는 것이다. 믿는 자들이 세상적인 삶의 방식을 그대로 진행하고 적용해도 될 것으로 생각해서는 안 된다. 죄를 범연히 여겨서는 결코 거룩에 이를 수 없다. 죄의 욕망이 생기면 곧바로 그리스도의 피로 그 욕망을 흩어야 한다. 이것이 두려움과 떨림으로 구원을 이루라는 말씀의 뜻이다.

아우구스티누스가 말한 대로 하나님이 죄에 대해 형벌을 내리시는 가장 큰 형벌은 바로 죄짓는 사람으로 죄짓는 것을 계속하게 내어버려 두시는 것이다. 죄짓는 것을 계속하는 것은 멸망 받았다는 가장 확실한 증거이다.

죄가 어떤 것인지를 알고 버리려면 하나님을 두려워해야 한다. 죄와 연관하여 하나님을 두려워함이 없이는 죄를 범연히 알기 쉽다.

죄의 욕망을 없애는 것은 인간의 힘과 노력으로 결코 할 수 없다.

내 힘과 노력으로 죄의 욕망을 이길 수 없기 때문에 나는 죄를 이길 수 없다고 생각한다. 그다음 단계는 죄를 이길 수 없으니 이 욕망의 법대로 살 수밖에 없다고 생각한다. 그래서 죄의 법으로 살게 된다. 죄의 법으로 살면 하나님을 두려워함이 없어진다. 그래서 주 예수는 믿는다고 하지만 죄의 법대로 살므로 하나님을 두려워함이 없어지고 죄에 대한 심각성이 전혀 없어진다.

죄의 욕망을 이기고 흩어지게 하는 것이 거룩하게 되는 것이다. 죄의 욕망을 이기는 것은 오직 그리스도의 피로만 할 수 있다. 곧 주 예수의 피가 나를 모든 죄에서 깨끗하게 한다고 선언하는 것이다 (요일 1:7). 이 선언으로만 죄의 욕망을 이길 수 있다. 이것이 죄의 욕망을 이기는 성경의 해답이다.

이 성경의 법 외에 다른 성화법은 다 실패하게 된다. 죄의 욕망을 아무도 이길 수 없다. 오직 그리스도의 구원의 복음의 도를 적용함으로 이길 수 있다.

빌 2:13 너희 안에서 행하시는 이는 하나님이시니 자기의 기쁘신 뜻을 위하여 너희로 소원을 두고 행하게 하시나니

GNT 2:13 θεὸς γάρ ἐστιν ὁ ἐνεργῶν ἐν ὑμῖν καὶ τὸ θέλειν καὶ τὸ ἐνεργεῖν ὑπὲρ τῆς εὐδοκίας.

빌 2:13 여러분 안에서 그의 기쁘신 뜻을 원하고 그의 기뻐하심을 위해 일하게 하시는 이는 하나님이십니다.

1. '그의 기쁘신 뜻을 원하고 그의 기뻐하심을 위해서 일하게 하신 이는 하나님'이라고 할 때 원하고 일하게 하시는 것은 우리의 구원과 성화를 원하고 일하게 하시는 것을 말한다.

하나님은 우리가 구원되는 것을 원하시고 그 구원에 도달하도록 성화에 힘쓰게 하신다. 죄를 버리고 거룩으로 나아가도록 하나님이 역사하신다. 우리가 거룩하게 되는 것은 전적으로 하나님의 역사이다. 하나님이 역사하지 않으시면 아무도 거룩을 바라거나 죄를 버릴 것을 생각하지도 못한다. 하나님의 은혜가 아니면 우리는 결코 죄를 싫어하고 미워하지 못한다. 하나님의 은혜로만 죄를 죄로 알아 죄를 버리며 거룩으로 나아가기를 바라게 된다.

2. 우리가 거룩해지는 것이 하나님의 뜻이다.

하나님은 거룩한 백성을 가지시기를 뜻하시고, 우리가 거룩해지는 것을 기뻐하신다. 하나님은 죄의 욕망을 버리며 멀리하는 백성들에게 임재하신다. 죄를 멀리할수록 하나님의 임재가 더 풍성해진다.
하나님의 완전한 임재는 죄가 완전히 제거된 종말에 이루어진다.

3. '그의 기뻐하심을 위하여'는 '그의 기뻐하심을 따라'라고 이해해야 바르다.

우리는 하나님의 기뻐하심을 따라 거룩해지도록 최선을 다해야 한다. 왜냐하면 우리가 거룩해지는 것이 하나님이 기뻐하시는 일이기 때문이다.

빌 2:14 모든 일을 원망과 시비가 없이 하라

GNT 2:14 πάντα ποιεῖτε χωρὶς γογγυσμῶν καὶ διαλογισμῶν,

빌 2:14 모든 일을 불평과 시비 없이 하시오.

1. 구제를 할 때 자기들이 원하는 사람들이 구제대상에서 빠지면 불평하게 된다.

교회에서 구제하면 구제대상을 정해서 하게 된다. 그러나 교회 재정이 넉넉하지 못해서 자기들이 원하는 사람들이 구제에서 빠지면 불평하게 된다. 이런 경우에는 합의를 보아 다음에 구제할 때 빠진 사람들을 넣기로 하여 불평이 없도록 해야 아름다운 선행이 된다.

2. 구제 외에 다른 교회 일을 할 때도 일을 추진하는 사람들 간에 완전하게 합의가 이루어지지 않으면 불평과 시비를 갖게 된다.

이런 경우에도 다수결로 일을 추진하기로 하면 불평 없이 일을 진행하여 원만한 결과를 얻을 수 있다.

3. 교회 일들을 하는 데 불평과 시비가 없도록 사람들로 충분한

토론을 하여 합의를 이루어 시행해야 한다.

당회, 제직회, 위원회, 특히 공동의회의 경우, 참여한 사람들로 충분히 토의를 하도록 하고 합의를 끌어내어 일을 함으로 불평과 시비를 없애는 것이 좋다.

빌 2:15 이는 너희가 흠이 없고 순전하여 어그러지고 거스리는 세대 가운데서 하나님의 흠 없는 자녀로 세상에서 그들 가운데 빛들로 나타내며

GNT 2:15 ἵνα γένησθε ἄμεμπτοι καὶ ἀκέραιοι, τέκνα θεοῦ ἄμωμα μέσον γενεᾶς σκολιᾶς καὶ διεστραμμένης, ἐν οἷς φαίνεσθε ὡς φωστῆρες ἐν κόσμῳ

빌 2:15 여러분이 어그러지고 비뚤어진 세대 가운데서 흠이 없고 순전하며, 나무랄 것이 없는 하나님의 자녀들이 되어 세상에서 빛들로 비추도록 하시오.

1. 교회 일을 할 때 불평과 시비가 없이 일하면, 흠도 없고 순전하고 나무랄 데 없는 그리스도인들이 되어 세상 사람들로부터도 인정을 받는다.

그리스도인들이 개인적으로 행동할 때는 흠이 없고 나무랄 데 없이 일한다. 그러나 공동체로서 일하고 행동할 때는 불평도 있고 시

비도 있다. 교회공동체로서 일하고 행동할 때도 서로 불평과 시비가 없다면 참으로 순전하고 흠도 없으며 나무랄 데가 없는 사람들이 된 것이다. 바울은 그리스도인의 경지가 이러한 데까지 이르기를 바라고 있다.

2. 바로 이런 이유로 교회 밖의 세상은 어그러지고 비뚤어져 있다. 어그러진 것은 바른길을 가지 않는 것이고, 비뚤어진 것은 바른길에서 돌아선 것을 말한다.

세상 사람들은 마음이 변화되지 않았으므로 모든 일을 의와 공평의 길로 행하지 않는다. 그러면서도 자기들의 행함에 대한 바른 표준이 없기 때문에 그릇됨을 알지 못한다.

3. 빛들로 비추라는 것은 의와 공평으로 행하면, 세상 사람들이 했던 일들과 하고 있는 일들이 그릇되고 바르지 못한 것임이 밝히 드러나게 된다는 것이다.

세상 사람들이 하는 것이 바르지 않고 어그러진 것이라는 것을 밝히는 것은 그리스도인들의 행함에서 나타난다. 그리스도인들이 바른 행함을 제시하면 세상 사람들이 자기들이 하는 것이 바르지 못하다고 깨닫는다. 이렇게 바른길을 보이고 그릇된 길을 밝히는 것이 빛들로 비추는 일이다.

빌 2:16 생명의 말씀을 밝혀 나의 달음질도 헛되지 아니하고 수고도 헛되지 아니함으로 그리스도의 날에 나로 자랑할 것이 있게 하려 함이라

GNT 2:16 λόγον ζωῆς ἐπέχοντες, εἰς καύχημα ἐμοὶ εἰς ἡμέραν Χριστοῦ, ὅτι οὐκ εἰς κενὸν ἔδραμον οὐδὲ εἰς κενὸν ἐκοπίασα.

빌 2:16 생명의 말씀을 굳게 붙들므로 내가 헛되이 달음질하지도 않았고 헛되이 수고하지도 않았다고 그리스도의 날에 나로 자랑할 것이 있게 하시오.

1. 복음은 생명의 말씀이다. 죽음에 이를 때까지 복음의 도를 붙들어야 구원에 이른다.

구원에 이름은 처음에 주 예수를 믿음으로 되는 것이 아니고, 죽을 때까지 믿음을 붙들어야 한다. 곧 믿음고백을 끝까지 해야 한다. 한번 믿음으로 되는 것이 아니고 끝까지 믿음에 머물러야 한다. 빌립보교회가 끝까지 믿음에 머무르면 구원에 이른 자들이 되므로 바울이 수고하고 일한 것이 헛되지 않음이 증명된다.

2. 그리스도의 날에 자랑이 되는 것은 많은 사람들이 심판주 그리스도 앞에 나타나 바울 때문에 주를 믿어 구원에 이르게 되었다고 고백하니 자랑거리가 될 수밖에 없다.

심판 날에 많은 사람들이 주 예수 앞에 나타나 '내가 주를 믿어

구원에 이르게 된 것은 바울의 전도 때문'이라고 하면 바울이 얼마나 자랑거리가 되고 영광이 되겠는가? 하나님은 많은 사람들을 구원하여 자기의 백성으로 삼기로 하셨다. 바울이 복음을 전하여 많은 사람들을 하나님의 백성으로 돌이켰다. 그러므로 이 일이 바울의 자랑거리이다.

그리스도의 심판 날에 수천만 백성들 앞에서 바울의 전도 때문에 구원에 이르게 되었음을 고백하게 되니 큰 자랑이다.

3. 믿음을 끝까지 붙들어 구원에 이르면 바울의 전도의 수고는 헛되지 않은 것이다.

빌립보교회는 소아시아에 속하지 않고 마케도니아에 속해 있다. 지금도 기독교세계에 속해 있다. 2천 년이 지나서도 바울의 전도가 효력을 내고 있다. 그러면 바울 당대의 사람들만이 바울 전도로 주 예수를 믿게 되었다고 고백한 것이 아니다. 그 후세대들도 다 그렇게 고백했고 또 고백할 것이다. 그러므로 바울이 얼마나 큰 자랑거리를 갖게 되었는가?

4. 우리도 전도하여 많은 사람들을 예수 믿게 하면 심판 날에 큰 자랑거리를 가질 것이다.

우리가 구원 얻은 것은 전적으로 하나님의 은혜이다. 그것은 자랑거리가 되지 못한다. 할 수 없는 죄인들이 은혜로 구원에 이르렀다. 그러나 전도하면 다른 사람들로 구원에 이르도록 수고하고 일하였으므로 심판 날에 자랑거리를 갖는다. 다른 사람들 앞에서도 자랑거리가 되고, 주 앞에서도 자랑거리가 된다.

빌 2:17 만일 너희 믿음의 제물과 봉사 위에 내가 나를 관제로 드릴지라도 나는 기뻐하고 너희 무리와 함께 기뻐하리니

GNT 2:17 ἀλλὰ εἰ καὶ σπένδομαι ἐπὶ τῇ θυσίᾳ καὶ λειτουργίᾳ τῆς πίστεως ὑμῶν, χαίρω καὶ συγχαίρω πᾶσιν ὑμῖν·

빌 2:17 그리고 내가 여러분의 믿음의 제물과 예배 위에 제사 술로 부음이 될지라도 나는 기뻐하고 여러분 모두와 함께 기뻐할 것입니다.

1. 제사할 때 제물 위에 술을 부어 제사를 드렸다. 이와 같이 바울은 빌립보교회가 드리는 제사와 예배에 자기 피를 흘려서라도 예배가 완성되기를 바랐다.

빌립보교회가 믿음으로 드리는 예배에 구약의 제사의 경우처럼, 바울이 그 제사에 제사 술로 부어져서 완전한 제사로 완성되기를 바랐다. 자기가 순교하면 그 피 흘림과 빌립보교회의 예배가 합쳐져서 하나의 완전한 제사가 되기를 바랐다. 제물 위에 술을 부어 제사를 드리듯이 자기가 순교하여 피 흘림이 마지막 제물 위에 부어지는 술이 되기를 바랐다.

2. ἐπὶ τῇ θυσίᾳ καὶ λειτουργίᾳ (에피 테 뚜시아 카이 레퉅기아) θυσία καὶ λειτουργία (뚜시아와 레퉅기아)는 제물과 섬김으로 나누어 번역할 것이 아니고, 제물과 같은 선상에 있는 예배의식으로 보아야 합당하다.

빌립보교회는 아름다운 예배, 곧 구약의 제사같이 거룩하고 엄숙한 예배를 드렸다. 그런 제사에는 제사 술을 부어야 합당하다. 그런 제사에 자기가 피 흘려 죽음으로 제사 술이 되어 더 이상 바랄 수 없는 아름다운 예배가 되기를 바랐다.

3. 최상의 예배를 드릴 수 있다면 이보다 더 좋은 일이 없으므로 순교하면서까지 기뻐하겠다고 하였다. 또 제사를 함께 드렸으므로 빌립보교회와 함께 기뻐할 것을 강조하였다.

지금 죽임을 당하여 피 흘린다면 슬프고 괴로운 일이지만 믿음의 도 때문에 당하는 일이므로 기뻐하겠다고 하였다. 빌립보교회는 구약 제사 같은 제사를 할 수 없다. 그러나 그들은 믿음으로 온전한 예배를 바친다. 이 예배에 함께 동참하되 피 흘려 술 제물이 되어 함께 동참하기를 바랐다.

빌 2:18 이와 같이 너희도 기뻐하고 나와 함께 기뻐하라

GNT 2:18 τὸ δὲ αὐτὸ καὶ ὑμεῖς χαίρετε καὶ συγχαίρετέ μοι.

빌 2:18 이와 같이 여러분도 기뻐하고 나와 함께 기뻐하시오.

1. 바울이 빌립보교회의 예배와 섬김에 제사 술로 부어져도 기뻐하듯이 그 교회도 함께 그 기쁨에 동참하기를 권한다.

바울이 순교하여 자기 몸을 제물로 바쳐드림으로 빌립보교회의 예배에 동참하기를 바랐다. 그의 순교가 빌립보교회의 예배에 제사 술처럼 부어지는 제사가 되기를 바랐다. 이렇게 순교로 함께 드리는 제사에 동참하기를 권고한다. 비록 순교로 예배에 동참하여도 기뻐하기를 권고한 것으로 볼 때 초대교회의 예배에는 기쁨이 넘쳤음을 알 수 있다.

바울은 자기 몸을 내어 놓음으로 죽어 하나님의 보좌 앞으로 간다. 빌립보교회의 예배도 보좌 앞으로 간다. 그러므로 둘이 합쳐져서 한 아름다운 예배가 되기를 바랐다. 이렇게 아름다운 예배를 드렸으니 함께 기뻐하기를 바랐다. 바울은 순교하여 제사의 제물이 되는 것을 기쁨으로 여겼다.

빌립보서

Προς Φιλιππησιους

> 디모데를 보내기로 작정함: 2:19-24

1. 디모데는 복음사역에 단련된 사람이다. 더구나 사심 없이 그리스도의 복음전파에 전력하는 사람이다.
2. 빌립보교회를 잘 돌보고 분쟁도 잘 해결해 줄 것이다.
3. 디모데를 보내기로 했지만 바울 자신을 돌보아주는데 디모데가 절실히 필요하여 당장 보내지 못한다.

빌 2:19 내가 디모데를 속히 너희에게 보내기를 주 안에서 바람은 너희 사정을 앎으로 안위를 받으려 함이니

GNT 2:19 Ἐλπίζω δὲ ἐν κυρίῳ Ἰησοῦ Τιμόθεον ταχέως πέμψαι ὑμῖν, ἵνα κἀγὼ εὐψυχῶ γνοὺς τὰ περὶ ὑμῶν.

빌 2:19 내가 주 예수 안에서 디모데를 여러분에게 속히 보내어 여러분의 사정을 앎으로 위로를 받기를 바랍니다.

1. 디모데는 루스드라 최초의 그리스도인이다 (행 16:1-2). 제2

차 전도여행 시부터 바울을 충실히 동반하며 복음사역을 잘 도왔다.

이때부터 디모데는 아들처럼 바울을 떠나지 않고 돕고 섬겼다.

2. 지금 로마 옥중에서 바울을 잘 도우며 복음사역을 계속하고 있다. 아들처럼 바울을 잘 돕고 있으니 그가 빌립보교회의 사정을 잘 전달할 수 있는 적임자이다.

3. 디모데를 빌립보교회로 보내어 사정을 알아오게 하면 바울 자신이 직접 알아본 것처럼 잘 알 수 있을 것이다. 그러므로 디모데를 속히 보내기로 하였다.

4. '주 예수 안에서'라고 한 것은 '주 예수의 뜻을 따라서'와 '주 예수의 역사하심을 따라서'를 뜻한다.

주께서 어떻게 인도하시느냐에 따라 빨리 디모데를 보내기를 바랐다. 바울은 옥중에서 주 예수의 역사하심을 늘 바라고 그의 인도를 느끼고 그대로 행동하기를 바랐다.

빌 2:20 이는 뜻을 같이 하여 너희 사정을 진실히 생각할 자가 이밖에 내게 없음이라

GNT 2:20 οὐδένα γὰρ ἔχω ἰσόψυχον ὅστις γνησίως τὰ περὶ ὑμῶν μεριμνήσει,

빌 2:20 여러분의 사정을 진심으로 걱정해 줄 마음을 가진 사람이 그 사람 외에는 내게 아무도 없기 때문입니다.

1. 진심으로 바울처럼 빌립보교회의 영적 상태를 염려하고 일해 줄 사람이 디모데 외에는 없기 때문에 그를 보낸다.

다른 사람을 보내면 자기의 수고에 대해 큰 보상을 바라고 후한 선물을 주기를 바랄 것이다. 그것을 21절에서 말한다. 그러나 디모데는 그렇지 않고 빌립보교회의 영적 상태를 진실히 염려할 사람이다. 그러므로 그들의 영적 상황을 알면 개선을 위해 열심히 헌신적으로 일할 사람이 디모데이다. 그는 단련을 받은 온전한 복음의 사역자이므로 교회의 영적 진보와 유익을 위해서 전력을 다할 사람이었다.

2. 디모데는 빌립보 전도여행 시에 바울과 함께 있어서 교회를 위해서 수고하였으니 지금도 빌립보교회의 바른 성장을 늘 마음에 두고 있었다.

이런 사람을 보내면 바울이 안심하고 모든 상황을 알 수가 있을 것이다. 숨김없이 가감 없이 빌립보교회의 상황을 바로 파악할 수 있다. 그러므로 디모데는 빌립보교회에 대한 바른 보고를 하여 바울로 올바른 판단을 하도록 할 것이다.

빌 2:21 저희가 다 자기 일을 구하고 그리스도 예수의 일을 구하지 아니하되

GNT 2:21 οἱ πάντες γὰρ τὰ ἑαυτῶν ζητοῦσιν, οὐ τὰ Ἰησοῦ Χριστοῦ.

빌 2:21 모두가 자기 유익을 구하고 예수 그리스도의 일을 구하지 않습니다.

1. 보통 복음의 사역자들도 후한 사례와 보상을 바라서 일하는 것이 복음의 전파 초기에서부터 드러났음을 말한다.

수고의 대가를 바라는 수준에서 더 큰 보상을 원하여 일하였음이 바울의 사역 때부터 시작되었음을 알 수 있다. 가정생활을 영위하기 위해서 그렇게 하였을 것이다. 결혼하여 자녀들을 가지면 생활에 대한 염려가 복음사역자들에도 크기 마련이다.

2. 복음사역자들이 생활에 대한 염려로 그리스도의 일을 전심으로 구하지 않는다.

그리스도의 복음의 사역자들이 복음의 진보를 위해 전력해야 하는데도 생활의 염려로 복음의 진보에 전심하지 못한다. 복음을 전하였기 때문에 많은 사례와 교통비와 여러 잡비들도 더 주기를 바란다. 따라서 복음의 전파에 전력하는 것이 아니고 사례비를 많이

받는 데 생각을 집중한다.

3. 디모데는 인간적인 편안함과 생활에 대한 염려보다 주의 복음의 진보에 전념하였다.

복음의 진리대로 교회가 살면 디모데는 그것으로 만족하였고, 물질적인 보상은 전혀 기대하지 않는 순전한 사람이었다.

빌 2:22 디모데의 연단을 너희가 아나니 자식이 아비에게 함같이 나와 함께 복음을 위하여 수고하였느니라

GNT 2:22 τὴν δὲ δοκιμὴν αὐτοῦ γινώσκετε, ὅτι ὡς πατρὶ τέκνον σὺν ἐμοὶ ἐδούλευσεν εἰς τὸ εὐαγγέλιον.

빌 2:22 디모데의 단련을 여러분이 알듯이 자식이 아버지에게 함같이 나와 함께 복음을 위해 봉사하였습니다.

1. 단련은 심한 훈련과 고된 삶을 통하여 일정한 성품이 형성되어 본래 해야 할 일을 본분대로 하게 된 성품을 말한다.

디모데는 복음사역을 하는 중에 많은 어려움을 만났다. 그러나 복음사역자로 세워졌으므로 그 복음을 위해 자기의 모든 것을 희생하고 일하였다. 그리하여 인간적인 편리함과 편의를 따라 일하지 않

고 복음을 위해 모든 것을 희생하여 복음의 진보만 바로 이루어지도록 하였다.

2. 바울은 디모데가 복음의 사역자로 잘 단련을 받아 자기의 유익이나 편안함보다 복음의 진보를 위해 자기의 본분을 다하는 것을 증거하고 있다.

디모데는 복음의 사역자로 세워졌다. 복음의 진보를 위해 일하는 것을 자기의 첫 번째 본분으로 삼았다. 그러므로 자기의 유익이나 편안함보다 복음의 진보를 위해 모든 것을 다 희생하였다.

3. 디모데는 단련을 잘 받았으므로 상황에 따라 달리 처신하지 않았다.

그는 언제나 한결같은 마음과 자세로 일하였다. 형편에 따라 이익과 편안함을 구한 것이 아니다. 언제나 어디서나 동일하게 자기를 희생하고 복음의 진보를 우선하였다. 그리고 그리스도인들의 유익과 진보를 자기의 것에 우선하였다.

4. 복음사역을 위해 디모데는 바울을 아버지처럼 섬김으로 복음의 일을 하였다.

디모데는 바울이 사역지로 보내 일하게 할 때를 제외하고는 언제나 바울 곁에 있으면서 아버지처럼 섬겼다. 이렇게 섬김으로 여자가

섬겨야 할 분깃을 다하였다. 바울은 디모데를 이런 봉사자로 둠으로 큰 어려움 없이 복음을 위해서 전력할 수 있었다.

바울이 복음의 주전파자이므로 디모데는 바울이 복음의 사신(메시지)을 잘 전하도록 그를 돕고 섬겼다. 이 방식으로 바울과 디모데는 복음을 위해 함께 봉사하였다.

빌 2:23 그러므로 내가 내 일이 어떻게 될 것을 보아서 곧 이 사람을 보내기를 바라고

GNT 2:23 τοῦτον μὲν οὖν ἐλπίζω πέμψαι ὡς ἂν ἀφίδω τὰ περὶ ἐμὲ ἐξαυτῆς·

빌 2:23 그러므로 내 일이 어떻게 될 것을 보아서 곧 이 사람을 보내기를 바랍니다.

1. 사람이 연약해지면 사람의 손을 많이 필요로 한다. 바울이 디모데를 자기에게서 떼어 보낼 수 있으려면 그의 건강이 많이 좋아져야 한다.

바울이 디모데를 보내려고 하고 있다. 그러나 자기가 움직이기도 어려우면 디모데를 보낼 수 없다. 그러므로 그의 건강이 많이 좋아지고 있음을 말해주고 있다.

2. 바울의 형편, 특히 건강상태가 나아짐에 따라 디모데를 속히 보내기로 정한 것이다.

바울은 나이가 들어 수발을 드는 사람의 손이 필요했다. 바울은 늙기만 한 것이 아니고 여러 가지 병으로 고생하였다. 돌로 맞아 죽을 뻔하였고, 태장을 여러 번 맞았고, 파선도 여러 번 당하여 몸이 성치 않았다. 그러므로 늘 의사의 도움을 받아야 했다. 더구나 지금은 옥중에 오래 갇혀 있었기 때문에 다른 사람의 수발을 많이 필요로 하였다.

특히 이런 경우에는 여자의 수발이 절실하다. 그런데 바울은 디모데의 손을 통해서 섬김을 받고 있다. 그러므로 바울이 혼자서도 감당할 수 있게 되면 디모데를 떼어 빌립보로 보낼 수 있다고 한 것이다. 건강이 좋아져서 혼자서도 자기 몸을 책임질 수 있으면 디모데를 보낼 수 있을 것이다.

빌 2:24 나도 속히 가기를 주 안에서 확신하노라

GNT 2:24 πέποιθα δὲ ἐν κυρίῳ ὅτι καὶ αὐτὸς ταχέως ἐλεύσομαι.

빌 2:24 그러나 나 자신도 곧 갈 줄을 주 안에서 확신합니다.

1. 바울은 디모데를 보내고 자기도 곧 석방되어 빌립보교회를 방문하게 될 줄을 확신하였다.

디모데를 보낼 수 있다는 것은 그의 석방이 가까워지고 있음을 말한다. 석방될 수 있다는 기대로 그의 건강도 많이 호전되었다. 그러므로 디모데가 다녀와서 얼마 되지 않아 바울은 빌립보교회를 방문하게 될 것을 기대하였다.

2. 주 안에서 확신한다고 하였으니 주의 역사로 모든 일이 잘되어서 곧 석방판결이 날 것으로 기대한 것이다. 석방만 되면 사랑하는 빌립보교회에 먼저 가볼 작정이다.

주의 은혜의 역사로 로마 황제의 판결을 받되 석방판결을 받을 것을 확신하였다. 그것이 주 안에서 확신한다는 말의 의미이다.

3. 곧 간다고 하였으니 석방만 되면 지체하지 않고 바로 빌립보로 갈 것을 강조하고 있다.

석방되면 바울이 가야 할 교회는 많지만 빌립보교회가 가장 사모하는 교회이므로 그들을 먼저 가서 볼 것을 말한다. 로마에서 빌립보는 멀지만 바울이 제일 먼저 방문할 교회로 빌립보교회를 정하였다.

빌립보서
Προς Φιλιππησιους

에바브로디도를 급히 보내기로 함: 2:25-30

1. 에바브로디도도 복음사역에 훌륭한 일꾼이다.
2. 에바브로디도가 병들었다가 나았으니 빌립보로 돌아가는 것이 교회에도 유익이다.
3. 다시 건강한 모습을 보면 이제까지 에바브로디도 때문에 했던 염려를 다 벗을 것이다.
4. 복음의 진보를 위하여 사력을 다했으니 그는 존귀한 대접을 받아야 합당하다.

빌 2:25 그러나 에바브로디도를 너희에게 보내는 것이 필요한 줄로 생각하노니 그는 나의 형제요 함께 수고하고 함께 군사 된 자요 너희 사자로 나의 쓸 것을 돕는 자라

GNT 2:25 Ἀναγκαῖον δὲ ἡγησάμην Ἐπαφρόδιτον τὸν ἀδελφὸν καὶ συνεργὸν καὶ συστρατιώτην μου, ὑμῶν δὲ ἀπόστολον καὶ λειτουργὸν τῆς χρείας μου, πέμψαι πρὸς ὑμᾶς,

빌 2:25 그러나 나는 내 형제요 동료 일꾼이요 동료 군사요 여러분의 보낸 자로서 내 필요를 돕는 자인 에바브로디도를 여러분에게로 보내는 것이 필요한 줄로 생각하였습니다.

1. 에바브로디도는 빌립보교회의 목사로 일한 바울의 동역자였다. 그는 '사랑스런 자'란 뜻을 지닌다.

에바브로디도는 빌 2:25과 4:18에 나오는 빌립보교회의 목사로 일하였다. 교회가 연보한 물품들과 돈을 바울에게로 가져와서 빌립보교회의 사정을 전달하였다.

2. 바울은 디모데를 보내기 전에 빌립보에서 선물을 가지고 온 그 교회 사역자인 에바브로디도를 되돌려 보내는 것이 좋다고 판단하였다.

에바브로디도가 로마로 와서 옥중에 매인 바울을 도왔다. 그러다가 병이 들어 고생하였다. 이 소식을 빌립보교회가 들었으니 (빌 2:26) 빨리 가서 그들의 염려와 걱정도 덜어야 했다. 그러므로 디모데를 보내기 전에 에바브로디도를 보내기로 하였다.

3. 바울은 디모데를 보내 교회의 사정을 알아오도록 하기 전에 교회부터 안심시키기 위해서 에바브로디도를 먼저 보내기로 하였다.

바울의 입장에서는 빌립보교회의 사정을 알아오는 것이 더 급하지만 교회의 염려를 생각해서 에바브로디도를 보내어 교회를 먼저 안정시키기로 하였다.

빌 2:26 그가 너희 무리를 간절히 사모하고 자기 병든 것을 너희가 들은 줄을 알고 심히 근심한지라

GNT 2:26 ἐπειδὴ ἐπιποθῶν ἦν πάντας ὑμᾶς, καὶ ἀδημονῶν διότι ἠκούσατε ὅτι ἠσθένησεν.

빌 2:26 그가 여러분 모두를 간절히 사모하고 자기가 병든 것을 여러분이 들은 줄 알고 심히 근심하기 때문입니다.

1. 에바브로디도는 로마 옥중에 있는 바울에게 온 후에도 빌립보교회를 늘 생각하고 어서 보기를 바랐다.

에바브로디도는 자기가 목회하던 빌립보교회를 늘 잊지 못하였다. 그리고 어서 가서 다시 보기를 간절히 바랐다.

2. 에바브로디도는 로마 옥중에 있는 바울을 돕다가 아팠다. 이 소식을 교회가 또 들었다. 그러므로 교회가 그에 대해서 하는 염려가 컸다.

그래서 에바브로디도는 교회의 염려함을 더욱 걱정하였다. 에바브로디도가 빌립보로 가지 않았어도 다른 사람들이 로마와 빌립보 사이를 오갔음을 알 수 있다.

빌 2:27 저가 병들어 죽게 되었으나 하나님이 저를 긍휼히 여기셨고 저뿐 아니라 또 나를 긍휼히 여기사 내 근심 위에 근심을 면하게 하셨느니라

GNT 2:27 καὶ γὰρ ἠσθένησεν παραπλήσιον θανάτῳ· ἀλλὰ ὁ θεὸς ἠλέησεν αὐτόν, οὐκ αὐτὸν δὲ μόνον ἀλλὰ καὶ ἐμέ, ἵνα μὴ λύπην ἐπὶ λύπην σχῶ.

빌 2:27 그가 병들어 거의 죽게 되었으나 하나님이 그를 불쌍히 여기셨고 그뿐 아니라 나도 불쌍히 여기사 근심 위에 근심을 하지 않도록 하셨습니다.

1. 에바브로디도가 병든 후 낫지 않고 오래 누워 있으면 얼마나 바울이 염려하고 근심하였겠는가? 그런데 병들어 거의 죽게 된 상황에서 하나님이 그를 살리셨다.

에바브로디도가 심히 병들었다가 살아났으니 얼마나 기쁘고 감사할 일인가? 깊이 병들었으나 하나님이 그를 살리사 건강하게 되었으니 감사가 컸다.

2. 만일 에바브로디도가 오래도록 아파 누워 있으면 바울의 처지가 어려웠을 것이다. 사도라도 병든 에바브로디도를 살려내지 못하였기 때문이다.

에바브로디도가 바울에게 선물을 가져왔는데 병들었다. 그런데도 사도가 그를 살려내지도 못한다. 사도라도 사도사역이 다 끝나갈 때는 신유의 은사가 사라지고 약해지기 때문이다. 그러므로 염려 위에 염려를 더할 것이다.

3. 이런 곤란한 상황에서 에바브로디도가 일어났으니 하나님이 바울도 불쌍히 여기신 것이다.

살아난 에바브로디도가 첫째로 은혜를 입었다. 그러나 바울도 은혜를 입어 염려와 걱정을 덜게 되었다.

빌 2:28 그러므로 내가 더욱 급히 저를 보낸 것은 너희로 저를 다시 보고 기뻐하게 하며 내 근심도 덜려 함이니

GNT 2:28 σπουδαιοτέρως οὖν ἔπεμψα αὐτὸν ἵνα ἰδόντες αὐτὸν πάλιν χαρῆτε κἀγὼ ἀλυπότερος ὦ

빌 2:28 그러므로 내가 그를 급히 보냈으니 여러분이 그를 다시 보고 기뻐하게 되고 나도 근심을 덜게 될 것입니다.

1. 그리하여 바울은 빌립보서를 에바브로디도 손에 의탁하면서 그를 빨리 보냈다.

빌립보교회가 보낸 선물에 대해 바울이 감사인사를 해야 했다. 그 감사인사의 전달자로 선물을 가져온 에바브로디도를 다시 보냈다. 에바브로디도가 로마로 갈 때는 많은 선물을 가지고 갔는데 돌아갈 때는 바울의 편지를 답례로 받아가지고 갔다. 은혜가 넘치는 편지, 특히 그리스도의 성육신과 십자가에 죽음과 부활로 천지의 대권을 받으셨다는 그리스도 찬송시가 들어 있는 은혜로운 편지를 가지고 돌아갔다.

선물을 보낸 교회에 감사하고 또 에바브로디도를 빨리 보냄으로 병들어 죽기까지에 이른 것에 대한 염려를 없애려고 하였다. 염려를 없앨 뿐 아니라 다시 건강한 모습의 목회자를 보게 함으로 기쁨이 크도록 하였다.

2. 에바브로디도가 건강해져서 빌립보로 돌아가면 바울도 염려와 걱정을 덜하게 되고, 교회가 기뻐하니 교회에 대한 염려도 줄일 수 있게 되었다.

빌 2:29 이러므로 너희가 주 안에서 모든 기쁨으로 저를 영접하고 또 이와 같은 자들을 존귀히 여기라

GNT 2:29 προσδέχεσθε οὖν αὐτὸν ἐν κυρίῳ μετὰ πάσης

χαρᾶς, καὶ τοὺς τοιούτους ἐντίμους ἔχετε,

빌 2:29 그러므로 주 안에서 모든 기쁨으로 그를 받고 그런 자들을 존귀히 여기시오.

1. **자기들의 목회자일 뿐 아니라 바울에게 큰 선물을 가져다주었다가 건강하게 돌아왔으니 큰 기쁨으로 맞아야 함이 당연하다.**

혹 건강을 잃고 죽었더라면 다시 볼 수 없는 사람을 다시 맞았으니 큰 기쁨으로 맞아야 할 것이다. 더구나 바울의 편지를 가지고 왔으니 그 편지를 인해서도 더욱 기뻐해야 할 것이다. 바울의 편지를 받아 읽을 때 빌립보교회에 기쁨이 넘칠 것이다. 자기들의 신앙의 신비를 다시 바울의 편지에서 읽게 되었기 때문이다.

2. **이렇게 복음을 위해서 목숨까지도 돌보지 않고 수고하는 사람들을 존귀히 여겨야 함은 당연하다.**

에바브로디도는 복음을 위해서 모든 것을 희생하고 산 사람이다. 그러므로 복음의 존귀함에 합당하게 복음사역자들도 존귀히 여겨야 마땅하다.

빌 2:30 저가 그리스도의 일을 위하여 죽기에 이르러도 자기 목숨을 돌아보지 아니한 것은 나를 섬기는 너희의 일에 부족함을 채우려 함이니라

GNT 2:30 ὅτι διὰ τὸ ἔργον Χριστοῦ μέχρι θανάτου ἤγγισεν, παραβολευσάμενος τῇ ψυχῇ ἵνα ἀναπληρώσῃ τὸ ὑμῶν ὑστέρημα τῆς πρός με λειτουργίας.

빌 2:30 그리스도의 일을 위하여 그가 죽음에까지 이르렀어도 자기 목숨을 돌보지 아니한 것은 나를 위한 여러분의 섬김에 부족함을 채우려고 함이었습니다.

1. 에바브로디도는 바울을 섬기는 일에 도에 지나도록 수고하여 병들어 죽기까지 되었어도 중단하지 않았다.

너무 힘들게 봉사하다가 죽기에 이르도록 병들었지만 그는 포기하지 않았다. 바울이 건강해져야 복음의 전파를 잘할 것이기 때문이다.

2. 바울을 섬기는 일은 빌립보교회가 해야 한다.

바울에게서 복음을 받아 구원의 기쁨을 누리고 사는 빌립보교회가 바울의 어려운 상황에서 봉사해야 할 것이다. 그러나 교회가 못하므로 에바브로디도가 대신해서 수고하다가 큰 위기를 맞았다. 그러므로 목숨을 돌보지 않은 것이다.

3. 복음의 사도로서 바울은 건강하고 생명을 유지하여 복음을 계속 전해야 한다. 이 일을 위해서 에바브로디도가 수고한 것은 바

로 그리스도의 일을 위해서 일한 것이다.

　바울은 지금 옥중에 갇혀 있지만 놓여나서 복음을 계속 전해야 한다. 그러려면 옥중에 있으므로 약해진 건강을 회복하고 보강해야 한다. 이 일을 위해서 에바브로디도가 크게 수고하였다. 힘들어 병까지 들었다. 그래도 에바브로디도는 바울을 섬기고 수고하는 일을 쉬지 않았다. 그러니 죽을 위험까지 당한 것이다.

빌립보서
Προς Φιλιππησιους

제 3 장

빌립보서

Προς Φιλιππησιους

할례당을 조심할 것: 3:1-3

1. 할례당은 족보와 할례를 자랑하는 교회 순회자들이다.
   할례와 율법에 구원이 있지 않고 주 예수를 믿음으로만 구원에 이르는데 할례받음을 자랑하는 것은 하나님의 구원을 허는 일이다.
2. 참으로 할례받은 것은 성령으로 새롭게 되는 것이고, 그리스도의 구원만을 의지하는 것이다.
   몸에 할례받았다고 육체를 자랑하는 것은 하나님의 은혜로 구원 얻는 것을 헐어내리는 일이다. 오직 성령으로 새롭게 됨으로 하나님의 백성이 되었으니 이것이 참 할례이다.

빌 3:1 종말로 나의 형제들아 주 안에서 기뻐하라 너희에게 같은 말을 쓰는 것이 내게는 수고로움이 없고 너희에게는 안전하니라

GNT 3:1 Τὸ λοιπόν, ἀδελφοί μου, χαίρετε ἐν κυρίῳ. τὰ αὐτὰ γράφειν ὑμῖν ἐμοὶ μὲν οὐκ ὀκνηρόν, ὑμῖν δὲ ἀσφαλές.

빌 3:1 더욱이 내 형제들이여, 주 안에서 기뻐하시오. 같은 것을 여러분에게 쓰는 것이 내게는 성가신 것이 아니고 여러분에게는 안전합니다.

1. 빌립보서에서 바울은 기뻐함을 강조하고 있다 (빌 1:4, 18, 25; 2:4, 17-18, 28-29). 그런데 기뻐하라고 다시 쓰기 때문에 (빌 3:1) 그것이 바울에게는 성가시지만, 빌립보교회에게는 유익할 것이다.

교회는 늘 기쁨 속에 살아야 한다. 고난 중에서도 기뻐하며 살아야 한다. 왜냐하면 구원의 기쁨을 가졌고 마음의 평화를 누리기 때문이다. 그러나 그런 것도 반복해서 말하면, 이 편지를 받는 빌립보교회 입장에서 보았을 때 바울에게 성가시고 수고로움을 끼치는 일이 될 수 있다. 그럼에도 불구하고 교회가 그 말씀에 의지해서 기뻐하며 살게 된다면 그것처럼 좋은 일이 없기에 바울은 수고로움을 감수하고 기꺼이 반복해서 권면하는 것이다.

2. 주 안에 사는 것은 주를 믿음으로 사는 것이다. 따라서 기뻐하며 사는 것이 당연하다.

주 안에 사는 것은 주를 믿음으로 사는 것이다. 주를 믿는다는 것은 주를 믿음으로 구원 얻음을 말한다. 구원받은 백성의 특징은 기뻐하는 것이다. 죄가 제거되어 하나님과 화해했으니 생명의 근원에 연결되었다. 생명의 근원에 연결되었으니 기뻐하고 즐거워하는 것은 당연한 귀결이다. 생명력이 역사하여 구원의 기쁨을 누리고 만족하게 한다. 그러므로 그리스도인들은 언제든지 기뻐하고 즐거워하며 살아야 한다.

3. 그리스도인들이 구원의 기쁨을 누리며 언제나 기뻐하고 즐거워하게 되는 것은 바르고 합당한 일이므로, 기뻐하라는 권고를 받는 사람들에게는 안전하다.

그리스도인들은 기뻐하고 즐거워하며 살아야 한다. 그것은 당연한 일이다. 그렇게 살도록 반복해서 권고 받는 것은 그들에게 안전하고 합당한 일이다. 그리스도인들은 고통 중에서도 기뻐할 수 있다. 고난 중에서도 기뻐할 수 있고 기뻐해야 한다. 기쁨의 근원을 모시고 살기 때문이다.

빌 3:2 개들을 삼가고 행악하는 자들을 삼가고 손할례당을 삼가라

GNT 3:2 Βλέπετε τοὺς κύνας, βλέπετε τοὺς κακοὺς ἐργάτας, βλέπετε τὴν κατατομήν.

빌 3:2 개들을 조심하고 악한 일꾼들을 조심하고 살을 잘라내는 자들을 조심하시오.

1. 주님이 수로보니게 헬라인을 개라고 하신 후, 개는 이방인들을 지시하였다. 그러나 여기서 '개들'이란 '교회를 찢는 악한 일꾼들'을 말한다.

개들은 이방인들로서 교회를 유대인화 하도록 시도하는 사람들을 말한다. 특히 중동의 들개들은 사람을 만나면 물어 찢어 병들게 한다. 광견병을 옮긴다. 여기서 '개들'은 교회를 찢고 분리시키는 일을 하는 자들로서, 바로 몸을 베어내는 것을 크게 자랑하는 자들이다. 즉, 할례당으로서 교회를 할례로 넘어가게 하는 자들이다.

2. 악한 일꾼은 자기 이익을 위해서 일하는 목회자들을 의미한다.

악한 일꾼들은 교회를 위해서 일한다고 하며 복음을 선포하고 믿음을 고백도 한다. 그러나 그들은 내적으로 부패하여 자기들의 이익만을 추구한다. 그러므로 복음을 순수하게 선포하지 않는다. 자기들의 이익에 부합하게 전하고, 부를 위해서 노력하는 일꾼들이다.

3. κατατομή (카타토메)는 살을 베는 자들, 그냥 할례당이란 표현보다 '살을 베어내는 절단자들'이란 의미로 썼다. 그러므로 이들은 마음에 할례를 받는 것이 아니고, 살을 베어내는 것만을 강조하는 할례당이다.

빌립보교회에도 할례당이 들어왔다. 할례당은 빌립보교회를 예외로 하지 않았다. 그들은 빌립보교회에서 역사하여 빌립보교회에 할례를 많이 펼치기로 하였다. 그리하여 그리스도의 교회를 유대교로 넘기기를 바랐다.

할례당의 목표는 교회로 할례받게 해서 유대교로 넘기는 것이었다. 그들은 그리스도인들을 할례받게 하여 유대교로 데리고 돌아가

고자 하므로 교회를 찢는 자들이다. 그들이 바로 교회를 찢는 자들이다. 그들 할례당이 들어오지 않았으면, 빌립보교회는 할례받아 유대교로 넘어가는 것은 생각지도 못하였을 것이다. 단지 한 교회로만 남았을 것이다.

> 빌 3:3 하나님의 성령으로 봉사하며 그리스도 예수로 자랑하고 육체를 신뢰하지 아니하는 우리가 곧 할례당이라

> GNT 3:3 ἡμεῖς γάρ ἐσμεν ἡ περιτομή, οἱ πνεύματι θεοῦ λατρεύοντες καὶ καυχώμενοι ἐν Χριστῷ Ἰησοῦ καὶ οὐκ ἐν σαρκὶ πεποιθότες,

> 빌 3:3 하나님의 영으로 예배하고 그리스도 예수를 자랑하고 육체를 신뢰하지 않는 우리들이 할례당이오.

1. 할례를 받는 것은 육체의 더러운 것을 벗고 새사람을 입는 것을 뜻한다. 그러므로 할례는 심장에 이루어져야 한다. 즉 심장이 변화되어야 한다. 그것은 그리스도 예수를 믿음으로만 이루어진다.

할례당의 활동이 너무 커서 빌립보교회도 할례당의 활동에서 벗어날 수가 없었다. 할례당은 빌립보교회도 유인하여 할례를 받게 하여 유대교로 넘어가게 하려고 했다. 그래서 할례가 교묘하게 강조되었다. 이런 상황에서 바울은 그리스도인들이 참 할례당임을 강조하고 있다.

왜냐하면 그리스도인들은 육체의 더러운 것과 마음의 더러운 것을 벗고 깨끗해졌기 때문이다. 그리스도의 피로 깨끗해져서 마음의 더러운 것을 벗었으니 심장에 할례를 받은 것이다.

2. 하나님의 영으로 경배하는 자들은, 할례받아 육체적으로만 경배하는 자들과는 전적으로 반대된다. 외적이고 형식적으로 경배하는 자들인 유대인들이 아니고, 영과 진리로 경배하는 자들을 말한다. 즉 그리스도인들이 드리는 경배가 참 경배임을 강조하고 있다.

그리스도인들은 할례를 받지 않았으므로 육체에 할례를 받아 자기들을 선민으로 여기는 유대인들에 비해 육체를 내세울 것이 없었다. 그러므로 할례받은 것을 자랑해서 하나님을 경배하는 것이 아니라 영과 진리로 경배한다. 성령으로 하나님을 경배하는 것이 하나님이 바라시는 참 예배이다. 영과 진리로 예배하는 자들이 참으로 변화된 자들이므로 육체의 더러움을 벗어버린 자들이다. 그러므로 영과 진리로 하나님께 경배하는 자들이 참 할례를 받은 자들이다.

3. 그리스도 예수를 자랑하는 것은 그리스도 예수로만 구원을 얻었으므로 그리스도 외에는 자랑할 것이 없기 때문이다.

유대인들은 할례받아 아브라함의 자손인 표를 가진 것을 자랑하였다. 그들의 자랑은 할례받았다는 사실에만 있었다. 즉 혈통으로 아브라함의 자손인 것을 자랑한 것이다.
그리스도인들은 유대인들처럼 육체를 자랑할 것이 없다. 그들이 아브라함의 자손이 된 것은 그리스도 예수를 믿음으로 말미암았다. 따라서 그리스도인들의 자랑은 구주이신 그리스도 예수뿐이다. 그리스도인들은 사람 앞이나 하나님 앞에서 자랑할 것은 그리스도 예수뿐이다. 그리스도 예수 외에는 자랑할 것이 아무것도 없기 때문이다.

4. 유대인들은 핏줄로 아브라함의 자손이고 할례를 받아 그 표를 가졌으므로 육체를 신뢰한다. 그러나 그리스도인들은 할례를 받지 않았고 받을 필요도 없으므로 육체를 신뢰하고 자랑할 것이 전혀 없다. 그러므로 그들은 육체를 신뢰하지 않고 그리스도만 믿고 그를 자랑한다.

그리스도인들의 신뢰와 자랑은 육체에 있지 않다. 육체적으로는 전혀 유대인이 될 수 없었다. 그리스도 안에 있기 전에는 육체로 죄를 많이 짓는 더러운 족속이었다. 따라서 육체적으로는 유대인들에 대해 자랑할 것이 전혀 없었다.

빌립보서
Προς Φιλιππησιους

> **육체적 자랑거리는 바울에게 더 있다: 3:4-6**

1. 할례당이 몸에 할례받음을 자랑하면, 바울에게는 육체적인 자랑거리가 더 많다.
2. 난 지 8일 만에 할례받은 참 이스라엘의 후손이다.
   할례당 중에는 유대인들만 있는 것이 아니고, 할례받아 유대교에 가입한 자들도 있다. 그들은 핏줄로는 이스라엘이 아니지만 할례받았다고 육체자랑을 너무 많이 한다. 바울은 출생으로 유대인이다.
3. 율법을 지킴에 있어서는 바리새인들이 사두개인들보다 더 철저하였다.
   바울은 바리새인이었으니 율법준수에 얼마나 철저했는지 말도 못한다. 그런데 지금 할례당이 율법준수를 그렇게 자랑하고 있다.
4. 바울은 율법을 위해서 교회를 핍박하기까지 하였다.
   참 구원의 길이 율법에 있는 줄 알고 은혜로 구원 얻음을 강조하는 교회를 박멸하려고 하였다. 율법에 대한 열심에 있어서는 바울을 따라올 자가 아무도 없었다.

빌 3:4 그러나 나도 육체를 신뢰할 만하니 만일 누구든지 다른 이가 육체를 신뢰할 것이 있는 줄로 생각하면 나는 더욱 그러하리니

GNT 3:4 καίπερ ἐγὼ ἔχων πεποίθησιν καὶ ἐν σαρκί. Εἴ τις δοκεῖ ἄλλος πεποιθέναι ἐν σαρκί, ἐγὼ μᾶλλον·

빌 3:4 나도 육체를 신뢰할 수 있습니다. 만일 어떤 다른 이가 육체를 신뢰할 것이 있는 것으로 생각하면 나는 더욱 그러합니다.

1. '나도 육체를 신뢰할 수 있다'고 한 것은 자기가 유대인이고 할례를 이미 받은 사람이고, 아브라함의 후손이기 때문에 육체를 자랑할 수 있다고 한 것이다.

유대인들은 할례를 받아야 자랑할 것이 있다고 생각하여 육체를 자랑하고 할례를 강요하였다. 바울이 그리스도를 강조한 것은, 할례를 받지 않고 아브라함의 후손이 아니어서가 아니다. 바울도 할례를 받고 육체적으로 아브라함의 후손이었다. 그런데도 그리스도를 자랑하고 전파한다. 왜냐하면 그리스도로 구원을 얻었기 때문이다.

할례와 육체를 강조하고 자랑해야 한다면 바울은 더욱 자랑할 것이 많았다.

2. 다른 사람이 육체를 자랑할 것이 많다고 자랑하고 강조한다면, 바울은 더욱 자랑하고 뽐낼 것이 많다고 하였다.

바울은 아브라함의 아들이 아니고 할례도 받지 않아 할례를 반대하고 예수 그리스도만 자랑하고 전파하는 것이 아니다. 바울은 아브라함의 후손이고 할례를 받아 율법을 지키는 데 전력했던 사람이다. 자랑거리로 말하면 바울보다 더 자랑거리가 많은 사람이 없었다.

그러나 바울은 할례받아 율법을 지킴으로 구원받은 것이 아니고 오직 주 예수를 믿음으로 구원받았으므로 그리스도만 자랑한다.

빌 3:5 내가 팔 일만에 할례를 받고 이스라엘의 족속이요 베냐민의 지파요 히브리인 중의 히브리인이요 율법으로는 바리새인이요

GNT 3:5 περιτομῇ ὀκταήμερος, ἐκ γένους Ἰσραήλ, φυλῆς Βενιαμίν, Ἑβραῖος ἐξ Ἑβραίων, κατὰ νόμον Φαρισαῖος,

빌 3:5 팔 일에 할례를 받았고 이스라엘 족속이요, 베냐민 지파요, 히브리인 중의 히브리인이요, 율법으로는 바리새인입니다.

1. 유대인은 출생 후 8일에 할례를 받는 것이 모세의 법으로 확정되어 있었다.

그러므로 유대 남자는 난 지 8일에 할례를 받아야 했다. 바울은 남자로 태어났으므로 난 지 8일 만에 할례를 받았다. 낳자마자 할례를 받았으니 핏줄로 아브라함의 자손임이 너무도 자명하다.

2. 이스라엘 족속이라고 할 때 할례를 받아 유대인으로 개종한 것이 아니고 본래가 이스라엘의 핏줄로 난 것을 말한다.

바울은 출생 시부터 이스라엘 족속으로 났다. 그러므로 할례를 받지 않을 수도 없었지만 그의 출생을 시비할 수도 없었다. 그는 출생으로 이스라엘인이었다.

3. 베냐민 지파라고 강조하는 것은 야곱의 본처인 라헬에게서 나온 자손들의 후손임을 강조한 것이다.

야곱은 아내들을 네 명이나 가졌고, 정식 부인은 라헬과 레아였다. 그러나 야곱이 정한 자기의 아내는 라헬뿐이었다. 야곱이 평생 사랑하고 연모한 아내는 라헬뿐이었다. 그런 라헬의 아들의 후손임을 강조한다.

비록 베냐민 지파가 다윗 지파는 아니어도 언제나 다윗 지파와 함께하였다. 열 지파가 다윗의 집을 떠나 분리하여 이스라엘을 세웠을 때에도 베냐민 지파는 열 지파를 따라가지 않고 다윗의 집과 연합하여 한 나라 유다를 이루었다.

4. 이스라엘인은 에벨의 후손으로 아브라함의 핏줄을 잇고 있다. 히브리인이 '강을 건너온 사람들'이란 뜻이라면 처음부터서 확실한 핏줄로서 히브리인임을 강조한 것이다. 그러나 에벨의 후손들을 히브리인들이라고 할 때 에벨에게서 낳았으므로 히브리인 중의 히브리인이다.

바울은 할례받아 이방인에서 유대인으로 개종한 것이 아니다. 자기들의 조상의 확실한 후손임을 강조한다. 그것이 바로 히브리인 중에서 히브리인이라고 한 이유이다. 바울은 순종 히브리인으로서 외국인의 피가 전혀 섞이지 않았음을 강조한다.

5. 율법으로는 바리새인이라는 것은 율법을 바로 지키기 위해서 이루어진 한 분파인 바리새인인 것을 강조한다. 즉 유대인들은 율법을 지킴으로 유대인으로 존속한다. 유대인의 존속을 가능하게 한 것이 바리새파였다.

바울은 그냥 유대인이 아니었다. 그는 율법을 온전히 지키기 위해서 생겨난 바리새인들의 후손이다. 그러므로 할례받은 것을 전부로 아는 수준이 아니라 율법을 온전히 지켰음을 강조한다. 할례는 받되 율법은 대강 지킨 것이 아니라 율법준수를 일생의 목표로 하고 살아온 유대인임을 강조한 것이다.

빌 3:6 열심으로는 교회를 핍박하고 율법의 의로는 흠이 없는 자로라

GNT 3:6 κατὰ ζῆλος διώκων τὴν ἐκκλησίαν, κατὰ δικαιοσύνην τὴν ἐν νόμῳ γενόμενος ἄμεμπτος.

빌 3:6 열심에 있어서는 교회를 핍박하였고, 율법에 있는 의에 있어서는 흠이 없었습니다.

1. 바울은 율법을 열심히 지켜 동료 바리새인들로 시기 나게까지 하였고, 더욱이 교회를 핍박하는 데까지 이르렀다.

바울은 그리스도를 만나기 전에는 율법만이 유일한 구원의 길로 알았다. 모든 의는 율법을 지킴으로만 가능하다. 그러므로 율법 외에 다른 길로 의에 이름을 말한다면 그것은 이단이다. 율법세계에서 이단은 박멸되어야 한다. 그리하여 바울은 율법이 아니고 그리스도를 믿음으로 구원에 이른다고 주장하고 전파한 교회를 핍박하여 없애버리려고 하였다. 이것이 바울이 율법에 대한 열심 때문에 교회를 핍박하기까지 이른 것이다.

바울은 그냥 유대인인 것으로 만족한 것이 아니라 율법을 보존하기 위해 모든 것을 다하기로 한 바리새인이었다.

2. 율법으로 의에 이르는 것은 율법을 온전히 지킴으로 된다. 바울은 외적으로는 율법준수에 부족함이 없었다. 나무랄 것이 없게 지켰다.

바울은 조상들에게서 받은 율법 외에는 아무런 다른 길을 알지 못하였다. 포로귀환 이후에는 더욱 율법만을 강조하였다. 율법을 지키지 못하였기 때문에 나라와 민족이 망하였다고 여겨 율법준수를 더욱 강조하였다. 그리하여 모든 것이 율법으로만 가능하고 이루어질 수 있다고 믿었다.

바울 당시까지는 하나님을 섬기는 것도 율법으로만 가능하고, 의에 이르는 것도 율법 외에는 길이 없었다. 율법을 지켜도 완전히 지키고 부족함이 없어야 했다. 곧 흠잡을 데 없이 율법을 지켜야 했다.

바울은 율법이 요구한 대로 다 지켰다. 율법의 외적 요구에 있어서 바울은 완전했다고 할 수 있었다. 그러므로 그를 책잡을 사람이 없었다.

외적으로 완전한 준수를 했지만, 마음에는 참 평안을 알지 못하였다. 바울은 율법준수로 하나님과 화해를 누릴 수 없어서 평안이 없었다. 구원의 확신을 가질 길이 없었기 때문이다.

빌립보서

Προς Φιλιππησιους

> **구원은 그리스도에게 있으므로 율법은 배설물이다: 3:7-9**

1. 그리스도를 알기 전 바울은 율법에만 매달렸다.
   하나님이 내신 구원의 길이 예수 그리스도이다. 그가 십자가에 죽고 부활하심으로 세상 구원이 완성되었다. 이 복음을 안 후에는 율법에 매일 필요가 완전히 없어졌다.
2. 그리스도 지식의 탁월성 때문에 이전의 고귀한 것을 배설물로 여긴다.
   그리스도는 하나님이신데 우리의 구원을 위하여 성육신하셨다. 그리고 십자가의 죽음으로 구원을 완전히 이루셨다. 이 진리를 알고서는 율법과 세상의 고귀한 것이 배설물과 같게 되었다.
3. 율법으로 아니고 예수 그리스도를 믿음으로 완전히 의를 얻었다. 예수 믿음으로 완전한 의를 얻었으니 세상에 더 무엇을 바라겠는가? 그리스도만이 전부이다.

빌 3:7 그러나 무엇이든지 내게 유익하던 것을 내가 그리스도를 위하여 다 해로 여길 뿐더러

GNT 3:7 Ἀλλὰ ἅτινα ἦν μοι κέρδη, ταῦτα ἥγημαι διὰ τὸν Χριστὸν ζημίαν.

빌 3:7 그러나 내게 유익하던 것들은 무엇이든지 다 그리스도를 위하여 해로 여겼습니다.

1. 바울은 율법으로 얻은 모든 유익한 것들을 해로 여기기로 하였다.

율법 때문에 바울은 하나님의 선민이 되었다. 율법 때문에 바울은 바리새인이 되었다. 율법 때문에 그는 랍비가 되었다. 랍비로서 존경과 대접을 받았다. 이런 것들 때문에 그는 그리스도를 받을 수가 없었다. 그래서 교회를 핍박하였다. 아니, 그리스도 자신을 핍박하였다.

자기를 위해 죽고 부활하신 그리스도 예수를 실제로 만난 후에는 모든 것이 달라졌다. 이제 그리스도 안에서 평안과 영생과 구원을 얻었다. 이후에는 율법의 모든 것들은 다 무익하고 해가 되었음을 깨닫게 되었다. 할 수 없는 것을 할 수 있다고 믿고 헛된 노력을 한 줄 알게 되었기 때문이다.

2. 율법에서 오는 모든 유익을 포기해야 그리스도를 믿을 수 있다.

율법을 지킴이 가능하고, 지킬 수 있다고 하면, 도저히 율법을 버릴 수가 없었고, 그리스도를 믿을 수 없었을 것이다. 그러므로 전에 유익하던 모든 것들을 해로 여겨야 그리스도를 모셔들일 수 있었다.

그리스도를 만난 바울은 율법으로부터 온 모든 유익을 해로 여기고 화로 여기기로 하였다. 그리스도로 얻은 구원에 비춰보면, 율법은 아무것도 할 수 없는, 전적으로 무능하고 무익한 것이기 때문이다.

빌 3:8 또한 모든 것을 해로 여김은 내 주 그리스도 예수를 아는 지식이 가장 고상함을 인함이라 내가 그를 위하여 모든 것을 잃어버리고 배설물로 여김은 그리스도를 얻고

GNT 3:8 ἀλλὰ μενοῦνγε καὶ ἡγοῦμαι πάντα ζημίαν εἶναι διὰ τὸ ὑπερέχον τῆς γνώσεως Χριστοῦ Ἰησοῦ τοῦ κυρίου μου δι' ὃν τὰ πάντα ἐζημιώθην, καὶ ἡγοῦμαι σκύβαλα ἵνα Χριστὸν κερδήσω

빌 3:8 오히려 내가 모든 것을 해로 여기는 것은 내 주 그리스도 예수를 아는 지식의 가장 고상함 때문이요. 그를 위하여 내가 모든 것을 잃고 배설물로 여기는 것은 그리스도를 얻고,

1. 바울은 그리스도의 성육신과 그의 구원사역을 알므로 율법의 유익과 그와 연관된 모든 유익도 해로 여기고 배설물로 여기기로 하였다.

그리스도는 율법이 할 수 없었던 의와 구원과 하나님과의 화해를 이루었다. 율법은 외적으로는 잘 지키는 것 같아도 결코 바르게 지킬 수 없었다. 율법준수로는 하나님과의 화해와 평화가 불가능했다. 마음이 평안을 알지 못했다.

그리스도를 직접 만나서 그를 알았다. 그리스도는 하나님의 성육신으로 죄와 사망에서 구원하기 위해서 십자가에 죽고 부활하셨다. 그는 율법의 의무와 저주에서 완전히 구원하셨다. 이런 구원사건이 있었는지를 알지 못하였다. 그러다가 부활하신 그리스도를 만남으로 이 사건의 전부를 알게 되었다. 그러므로 그전에 유익하던 모든 것은 다 해로운 것일 뿐이다. 해가 되므로 배설물처럼 여겼다.

2. 그리스도를 아는 지식의 가장 고상함을 어디다가 비길 것인가?

하나님이 사람이 되사 사람을 구원할 수 있음이 율법세계에서 가능한 일인가? 하나님이 사람이 되시는 일이 가능한 일인가? 사람이 되신 하나님이 십자가에서 죽는 일이 가능하겠는가? 죽은 사람이 다시 살아날 수 있다는 말이 성립할 수 있단 말인가? 이런 일로 내가 죄와 사망과 율법의 저주에서 벗어나 구원되는 일이 어찌 가능한가?

율법세계에서는 불가능한 일이 실제로 사실로 일어났다. 도저히 생각할 수도 없는 일이 사실로 일어났다. 내가 그렇게 구원받을 만큼 가치 있고 존귀한 존재란 말인가?

그리스도께서 나를 그렇게 사랑하셨으니 이 사랑을 어찌 표현하며 감당할 수 있단 말인가? 율법의 조문 중 어디에서 이런 사랑을 만날 수 있을 것인가? 도대체 무엇에다 이런 사랑을 비기며 말할 수 있을 것인가? 이런 고상한 지식이 가능할까? 이런 고상한 지식 앞에 무엇이 가치가 있을 것인가?

3. 이런 그리스도의 사랑을 알게 되었으니 모든 것을 해로 여기고 모든 것을 버렸다.

바울은 그리스도를 알고 그를 믿어 복음의 전도자로 나서므로 랍비로서의 지위와 재산을 다 잃었다. 모든 율법지식, 세상적인 지식, 희랍의 철학과 로마의 법과 정치체제에 대한 모든 지식, 로마 시민으로서의 특권 등을 다 해로 여겼다. 그런 것들을 다 버렸다.

4. 버린 정도가 아니라 그런 세상적인 유익과 권세와 영광을 배설물로 여겼다.

문명세계에서는 배설물을 제일 멀리할 것으로 여긴다. 아무도 그것을 돈으로 사려고 하지 않는다. 그런 것은 할 수 있는 대로 멀리한다. 냄새만 맡아도 코를 싸고 멀리한다. 그런 것은 아무런 가치가 없다. 몸이나 옷에 묻으면 그것을 감당할 수가 없어서 사람들 가운데 설 수가 없다. 그러므로 배설물은 아무도 집에 두지 않는다. 잘 처리해서 거름으로 쓰면 그것은 예외이다.

율법의 선생이 되어서 누릴 수 있는 모든 특권과 유익은 지금 그리스도를 믿는 지식에 비기면 배설물이다. 다시 가까이하기를 원할 수가 없다. 아무 가치도 없고, 귀함도 없다. 그런 것은 멍에이고, 질곡이었다. 이제 그런 멍에와 질곡에서 해방되었다. 왜 그런 것을 다시 가까이하고 좋아하겠는가?

세상에서 가장 귀한 보화를 가졌는데 왜 천하고 더러운 것을 다시 좋아하고 가까이하려고 하겠는가?

5. 다시 율법을 좋아하고 귀한 것으로 받들면 그리스도를 잃는다. 그러므로 그리스도를 온전히 얻고 그의 구원으로 만족하기 위해 그런 것은 다 배설물로 여겨야 한다.

바울은 율법으로는 도저히 얻을 수 없는 것을 그리스도를 믿음으로 다 얻었다. 그리스도를 알기 전에는 율법 외에는 아무런 다른 길이 없는 줄로 알았다. 이제 그리스도 안에서 율법으로 얻기 바랐지만 얻을 수 없었던 모든 것을 다 얻었다.

그러나 율법을 다시 구원의 길로 받들어 모시면 그리스도를 잃는다. 그러므로 율법과 세상적인 모든 것을 다 버리고 배설물로 여겨야 한다. 바울은 그렇게 해야 한다는 당위성에서 산 것이 아니고 실제로 모든 것을 다 포기하고 배설물처럼 여겼다. 율법과 그리스도는 함께할 수가 없다.

빌 3:9 그 안에서 발견되려 함이니 내가 가진 의는 율법에서 난 것이 아니요 오직 그리스도를 믿음으로 말미암은 것이니 곧 믿음으로 하나님께로서 난 의라

GNT 3:9 καὶ εὑρεθῶ ἐν αὐτῷ, μὴ ἔχων ἐμὴν δικαιοσύνην τὴν ἐκ νόμου ἀλλὰ τὴν διὰ πίστεως Χριστοῦ, τὴν ἐκ θεοῦ δικαιοσύνην ἐπὶ τῇ πίστει,

빌 3:9 그리스도 안에서 발견되려고 함인데, 나는 율법에서 난 의가 아니요 그리스도를 믿는 믿음으로 말미암은 의 곧 믿음에 의해서 하나님에게서 나온 의를 가지려고 함입니다.

1. '그리스도 안에서 발견되려고 함'이라 한 것은 그리스도를 믿음으로 그와 연합하여 그와 하나가 되는 것을 말한다.

그리스도와의 연합은 그를 믿음으로 된다. 성령의 역사로 믿는 자가 그리스도와 연합된다. 그러므로 그와의 연합은 그리스도만 믿음으로 된다. 그러나 율법이 개입하면 그리스도를 믿을 수가 없으므로 그리스도와 연합할 수가 없다. 그러므로 율법과 관련된 모든 것을 버려야 한다. 율법으로 의를 얻으려고 하면 그리스도를 믿을 수가 없다. 따라서 그리스도를 믿는 것과 율법을 지키는 것은 서로 모순된다. 그러므로 하나를 택하면 다른 것을 버려야 한다.

2. 그리스도와의 연합에서 구원과 모든 구원은혜가 전달된다.

그리스도를 믿는 믿음에서 의가 나오는데 이 의는 바로 그리스도와의 연합에서 나온다. 그런데 그리스도와의 연합은 믿음으로만 이루어진다. 그리스도와의 연합에서 구원과 모든 구원은혜가 온다.

연합을 통로로 하여 그리스도께서 구원과 모든 은혜를 선사하신다. 이렇게 구원은혜를 아는 바울은 그리스도와의 연합을 무엇보다도 소중하게 여겼다.

3. 그리스도와 연합을 이루는 의는 그리스도를 믿는 믿음에서 나온 것이다. 곧 믿음이다.

의롭게 되는 것은 율법준수로는 불가능하다. 오직 그리스도를 믿는 믿음으로만 된다. 그 믿음은 그리스도를 믿는 믿음이다. 그리스도를 믿음으로 그리스도와 연합되어 그와 하나가 되고, 그의 백성이 된다.

4. 그리스도를 믿는 믿음은 사람이 자기 힘으로 갖는 것이 아니고 하나님이 주시는 선물이다. 그러한 면에서 바로 '하나님에게서 나온 의'라고 말한다.

하나님은 믿음을 의로 여기신다. 그러나 사람은 그런 의를 가질 수 없다. 즉 그리스도를 믿는 것은 사람으로서는 불가능하다. 그러므로 하나님이 믿음을 주신다. 믿음에서 나오는 의는 하나님에게서 나온 의, 곧 하나님이 주신 선물이다.

5. 하나님이 주신 선물인 의를 가지려면 자기의 힘으로, 곧 율법준수로는 안 된다. 율법준수로는 결코 의를 가질 수 없다.

율법의 의를 가지려고 하면 그리스도와의 연합을 이룰 수 없다. 또 그리스도와의 연합을 가졌으면 율법의 의를 가질 수 없다. 둘은 결코 양립할 수 없다. 율법의 의를 가지려고 하는 사람은 결코 그리스도를 믿을 수 없다. 믿지 않는 사람은 그리스도와 연합될 수 없다. 그러므로 율법에 의한 의나 그리스도를 믿는 믿음, 곧 선물로 받은 의를 선택해야 한다.

율법의 의를 가지려고 하는 사람은 결코 하나님의 선물인 의를 가질 수 없다. 율법을 지키는 것은 전적으로 불가능하다.

빌립보서
Προς Φιλιππησιους

> 부활을 목표하고 달려감: 3:10-16

1. 의, 곧 죄용서를 얻었으므로 부활을 목표한다.
2. 의를 얻은 후 부활에 이르기까지 믿음을 잘 지켜 상 받기를 바란다.

빌 3:10 내가 그리스도와 그 부활의 권능과 그 고난에 참예함을 알려 하여 그의 죽으심을 본받아

GNT 3:10 τοῦ γνῶναι αὐτὸν καὶ τὴν δύναμιν τῆς ἀναστάσεως αὐτοῦ καὶ [τὴν] κοινωνίαν [τῶν] παθημάτων αὐτοῦ, συμμορφιζόμενος τῷ θανάτῳ αὐτοῦ,

빌 3:10 내가 그리스도와 그의 부활의 권세와 그의 고난에 동참을 알려고 하여 나를 그의 죽음과 일치시키는 것은

1. 바울은 그리스도의 부활에 동참하기 위해서 그리스도의 고난에 동참하기를 바랐다.

그리스도는 고난받아 죽은 후에 부활하셨다. 십자가에서 죽는 것은 부활을 전적으로 불가능하게 하는 사건이다. 그런데도 그리스도는 죽음을 통하여 부활에 이르렀다.

바울도 이 부활에 이르기 위해 그리스도의 죽음에 동참하고, 그리스도가 받은 고난에 동참하기를 바랐다. 그가 그리스도의 죽음에 늘 동참할 수 있기를 바라서 십자가의 고난을 늘 생각하고 사모하였으므로 그 몸, 특히 손바닥에 십자가의 상처를 받았다 (갈 6:17). 죽음에의 동참을 얼마나 바랐으면 그런 일이 생길 수 있었겠는가? 중세에 아시시의 프란치스코가 같은 상처를 그의 손바닥에 받은 것으로 알려졌다. 그리스도의 고난을 슬퍼하고 그 고난과 고통에 동참할 수 있기를 바라서 그렇게도 몸부림침으로 그렇게 되었다. 바울도 동일한 몸부림침으로 살았음을 알 수 있다.

2. 죽어야 부활에 이르기 때문에 부활에 이르는 길로 그리스도의 죽음을 체험할 수 있기 바랐다.

죽음을 체험하는 길은 실제로 죽어야 한다. 형벌을 받아 죽거나 태장을 받아 죽거나 실제로 죽음의 자리에 이르러야 죽음을 체험할 수 있다. 바울이 죽는 길은 칼에 목이 잘리어서 죽는 것이다. 교회의 전통에 의하면 바울은 이 방식으로 죽었다.

그러나 칼에 목이 잘리는 죽음은 고통이 오래 지속되는 것이 아니다. 목매여 죽는 것도 죽음의 고통이 오래 지속되는 것이 아니다. 그러면 태장이나 돌에 맞아 죽어야 죽음의 고통을 경험할 수 있다. 그러나 이렇게 죽음의 고통을 당하는 것은 죽음 자체에 이른 것은 아니다.

3. 죽음 자체는 경험할 수 없지만 죽음에 이르는 고통은 경험할 수 있으므로 바울은 죽음의 고통을 통해서 죽음을 경험하기를 바랐다.

바울은 죽음에 이를 만한 고통을 당할 때마다 그리스도의 십자가 고통을 생각하였다. 그가 태장에 맞아 죽게 되었을 때에도 십자가의 고통을 생각하였고, 돌에 맞아 죽게 되었을 때에도 십자가의 고통을 생각하였다. 그 외에 그가 당한 많은 고통을 통해서도 십자가의 고통을 체험하기를 바랐다.

4. 죽은 다음에 부활이 오므로 죽음에 동참하여서라도 바울은 부활의 권능을 체험하기 바랐다.

몸이 다시 사는 것은 자기 스스로 할 수 없다. 하나님이 그를 일으키셔야 살아날 수 있다. 그러나 죽음의 고통을 당하면 부활에 이르는 것이 어떤 것인지를 체험할 수 있다고 보았다.

5. 자기를 그리스도의 죽음과 일치시키는 것은 자기도 그의 죽음처럼 죽기를 바란 것이다.

그는 로마시민이므로 십자가에 못 박혀 죽을 리는 없다. 그러나 그 방식으로 죽을 수 있다면 그렇게 죽음으로 그리스도의 죽음의 고통에 동참하고 같은 죽음을 겪기 바랐다.

빌 3:11 어찌하든지 죽은 자 가운데서 부활에 이르려 하노니

GNT 3:11 εἴ πως καταντήσω εἰς τὴν ἐξανάστασιν τὴν ἐκ νεκρῶν.

빌 3:11 어찌하든지 죽은 자들로부터 부활에 이르려고 함입니다.

1. 바울의 목표는 부활에 이르는 것이다.

율법세계에서 부활은 불가능한 일이었지만, 그리스도의 부활처럼 확실한 부활에 이르기를 바랐다. 율법세계에서는 불가능한 일이 그리스도의 부활로 실제로 일어났다. 이런 확실한 부활을 바울도 체험하기 바랐다. 죽어야 부활이 오므로 죽음의 고통을 통하여 부활의 체험이 어떤 것인지 알기를 바랐다.

죽은 다음에는 죽은 자가 살아날지 아무도 확신할 수 없다. 그러므로 바울은 더욱 부활의 체험을 할 수 있기를 바랐다.

빌 3:12 내가 이미 얻었다 함도 아니요 온전히 이루었다 함도 아니라 오직 내가 그리스도 예수께 잡힌 바 된 그것을 잡으려고 좇아가노라

GNT 3:12 Οὐχ ὅτι ἤδη ἔλαβον ἢ ἤδη τετελείωμαι, διώκω δὲ εἰ καὶ καταλάβω, ἐφ᾿ ᾧ καὶ κατελήμφθην ὑπὸ Χριστοῦ [Ἰησοῦ].

빌 3:12 내가 이미 얻었다 함도 아니요 온전함을 이루었다 함도 아니요 오히려 그리스도 예수에 의해 붙잡힌 바 된 것을 잡으려고 좇아갈 뿐입니다.

1. 자신을 그리스도 예수의 죽음과 같게 해서 부활에 이미 이른 것이 아니라 부활을 목표하고 진행하고 있음을 말한다.

바울은 그리스도의 십자가의 죽음과 자신을 같게 만들어 부활에 이르려고 하였다. 그러나 그것은 그가 힘쓰는 것일 뿐이고 이루어진 것이 아니다.

2. 이미 온전해진 것이 아니다.

그는 죽음에 아직 이르지 않았고, 부활에 이르지도 못했다. 그것은 죽은 후에 이루어질 일이므로 계속해서 추구할 일이다.

부활에 이르는 것은 주님 재림 시에 이루어질 일이다. 그러므로 생존기간에는 부활에 이르도록 노력하고 바랄 뿐이다. 살아 있는 동안 아무도 완전해질 수가 없다.

단지 부활에 합당한 자가 되도록 노력하는 것이다. 우리의 완전함으로 부활에 이를 자격을 받는 것이 아니다. 부활에 이를 자들이므로 그에 합당하게 살도록 노력하는 것뿐이다.

3. 그리스도에 의해 붙잡힌 것은 부활에 이르도록 정해진 것을 말한다.

부활에 이름이 그리스도인들이 바라는 마지막 목표점이다. 그리스도께서 이미 부활에 이르셨기 때문에 모든 그리스도인들도 죽음으로 끝나지 않고 부활에 이르러 영생하기를 바란다. 이 소원은 부활을 실제로 얻음으로만 확증될 것이다. 바울도 부활에 확실하게 이르기를 바랐다.

빌 3:13 형제들아 나는 아직 내가 잡은 줄로 여기지 아니하고 오직 한 일 즉 뒤에 있는 것은 잊어버리고 앞에 있는 것을 잡으려고

GNT 3:13 ἀδελφοί, ἐγὼ ἐμαυτὸν οὐ λογίζομαι κατειληφέναι· ἓν δέ, τὰ μὲν ὀπίσω ἐπιλανθανόμενος τοῖς δὲ ἔμπροσθεν ἐπεκτεινόμενος,

빌 3:13 형제들이여, 나는 이미 내가 잡은 줄로 여기지 않고 한 가지 일 곧 뒤에 있는 것들은 잊어버리고 앞에 있는 것들을 잡으려고

1. 뒤에 있는 일들은 그리스도와 교회를 핍박한 일과 복음전파로 교회를 많이 세운 일과 핍박을 많이 받아 크게 어려움을 당한 것들이다.

바울은 그리스도와 교회를 핍박함으로 그리스도와 관계를 갖기 시작하였다. 그 핍박으로 인해 부활하신 그리스도를 직접 만나 그리스도인이 되고, 사도로 세워졌다. 사도로 세워져 많은 핍박과 어려움을 만나면서도 전도하여 많은 교회들을 세웠다. 보통 사람으로서는 할 수 없는 일들이었다.

이런 일들은 뒤에 있는 것들이므로 자랑하고 뽐낼 수 있는 일이 아니라고 하였다. 이런 것들은 잊어버리고 자기가 바라는 것으로 매진하기를 바랐다.

2. 앞에 있는 것은 그리스도의 고난에 실제로 동참함으로 부활에 이르고 부활 경험을 갖기 바란 것이다.

바울은 모든 핍박과 어려움 속에서 참아내고 복음을 전하였으니 복음의 마지막 목표인 부활에 이르기를 바랐다. 부활은 심판 때 이루어질 것이지만 바울은 부활을 미리 경험할 수 있기를 바랐다.

3. 부활로 영생에 이르므로 죽은 것으로 끝나지 않고 영생에 이를 수 있도록 부활을 경험하기 바랐다.

죽으면 다시 사는 것을 어떻게 확신할 수 있는가? 죽은 후에 부활해야 영생에 이르는 것이 하나님의 법이다. 그러나 죽음 후에 부활을 확인할 수가 없다. 그러므로 부활을 미리 경험할 수 있기를 바랐다.

빌 3:14 푯대를 향하여 그리스도 예수 안에서 하나님이 위에서 부르신 부름의 상을 위하여 좇아가노라

GNT 3:14 κατὰ σκοπὸν διώκω εἰς τὸ βραβεῖον τῆς ἄνω κλήσεως τοῦ θεοῦ ἐν Χριστῷ Ἰησοῦ.

빌 3:14 푯대를 향하여 그리스도 예수 안에서 하나님이 위에서 부르신 부르심의 상을 얻으려고 달려갑니다.

1. 하나님이 부르신 부름의 상은 그리스도를 믿음으로 의를 얻어 영생하는 것이다.

하나님께서 부르시고 마련하신 상은 의의 면류관, 곧 영생이다. 사람은 죽음으로 끝나는 것이 아니라 죽은 후에 부활하여 영생에 이르는 것이다. 이것이 약속하신 상이다.

2. 그러므로 영생에 이르기까지 수고를 계속하기로 한 것이다.

바울은 죽은 후 영생에 이를 때까지 복음전파로 인한 핍박과 고난의 길을 계속하여 가기로 하였다. 죽을 때까지 현재의 과정을 계속하기로 한 것이다. 그러면 죽은 후 하나님께서 의롭다 하시고 영생을 주실 것이기 때문이다.

빌 3:15 그러므로 누구든지 우리 온전히 이룬 자들은 이렇게 생각할지니 만일 무슨 일에 너희가 달리 생각하면 하나님이 이것도 너희에게 나타내시리라

GNT 3:15 ὅσοι οὖν τέλειοι, τοῦτο φρονῶμεν· καὶ εἴ τι ἑτέρως φρονεῖτε, καὶ τοῦτο ὁ θεὸς ὑμῖν ἀποκαλύψει·

빌 3:15 그러므로 우리 중에 누구든지 온전한 자들은 이렇게 생각할 것입니다. 만일 여러분이 어떤 일에 좀 다르게 생각하면 곧 이미 구원에 이른 것으로 생각하면, 이것도 하나님이 여러분에게 계시하실 것입니다.

1. 온전한 그리스도인들도 이미 영생에 이른 것이 아니고, 죽은 후에 부활을 통하여 영생에 이른다. 그렇게 알고 부활에 이를 때까지 선한 일을 계속할 것을 권고한다.

그리스도인들은 주 예수를 믿음으로 의롭게 되었다. 그러나 바로 영생에 이른 것이 아니다. 구원이 완성된 것도 아니다. 그러므로 죽어 부활에 이를 때까지 성화의 일과 전도의 일을 계속해야 한다. 죽은 후에 부활하는 것은 때가 되어야 한다. 그것은 하나님이 정하신 일이다. 그때까지 지금의 삶의 방식을 계속하는 것이다.

2. 달리 생각하여 이미 구원에 이른 것으로 생각하면 하나님이 이것도 바로 밝혀 이해하도록 하실 것이다.

고린도에는 이미 구원에 이르렀다고 주장하는 자들이 있었다. 온전해졌기 때문이라고 주장하였다. 그러나 온전한 자들도 아직 성화를 계속해야 하고, 전도하는 삶으로 인해 고난을 당해야 한다. 바른 그리스도인들이 잘못 생각하고 있으면 하나님이 이것도 교정하실 것을 말씀하신 것이다.

빌 3:16 오직 우리가 어디까지 이르렀든지 그대로 행할 것이라

GNT 3:16 πλὴν εἰς ὃ ἐφθάσαμεν, τῷ αὐτῷ στοιχεῖν.

빌 3:16 그렇지만 우리가 어디에까지 이르렀든지 그대로 살아야 할 것입니다.

1. '그렇지만'이라고 함으로 하나님이 상황에 따라 알려주시지 않아도 우리가 살고 있는 그 자리에서 살아야 할 것을 말한다. 즉 현재 부활과 영생에 이르기에 합당한 자로 살고 있으면 그대로 살아야 할 것을 강조하고 있다.

우리가 온전해졌다고 해서 부활과 영생에 바로 이를 것으로 여기고 살 것이 아니고, 지금 삶의 자리에서 거룩해지기 위해 노력하는 삶을 살 것을 말한다.

2. 우리가 완전해졌다고 해서 하늘로 바로 올라가는 것이 아니

고 죽음 후에 부활에 이를 것임을 강조하고 있다.

우리가 땅에서 살면서 아무리 거룩의 진보가 커도 우리는 바로 하늘로 가는 것이 아니고 죽음의 과정을 통과할 것이다. 그러므로 너무 흥분하지 말고 정상적인 삶을 살면서 그리스도인으로서 거룩하게 됨에 힘써야 할 것을 말한다. 거룩하게 됨은 거룩한 질로 되는 것이 아니고 그리스도의 피로 죄의 욕망을 흩어지게 하는 것이다 (요일 1:7).

빌립보서
Προς Φιλιππησιους

> 많은 사람들이 십자가를 원수로 삼지만, 우리는 부활과 구속을 기다린다: 3:17-21

1. 많은 사람들이 십자가의 원수로 살면서 배를 신으로 삼는다.
2. 그런 사람들의 마침은 멸망과 수치이다.
3. 그리스도인은 시민권이 하늘에 있어서 주 예수 그리스도의 구속을 기다린다.
4. 그리스도에 의해 우리 몸이 그리스도의 영광스런 몸으로 변화될 것이다. 지금 세상에서는 예수를 믿기 때문에 고난받아도 영광의 구속에 이르러 영생할 것이다.

빌 3:17 형제들아 너희는 함께 나를 본받으라 또 우리로 본을 삼은 것 같이 그대로 행하는 자들을 보이라

GNT 3:17 Συμμιμηταί μου γίνεσθε, ἀδελφοί, καὶ σκοπεῖτε τοὺς οὕτω περιπατοῦντας καθὼς ἔχετε τύπον ἡμᾶς·

빌 3:17 함께 나를 본받는 자들이 되시오, 형제들이여, 또 여러분이 우리로 본을 삼은 것처럼 이렇게 행하는 자들을 주목해 보세요.

1. 빌립보 성도들은 바울의 단계에 이르지 못하였다. 바울의 성화단계에서도 계속 성화를 힘쓰며, 죽은 다음 부활하여 영생에 이르기를 바라는 것처럼 그런 자들이 되라고 권고한다.

온전해졌으므로 바로 영생에 이르게 될 줄로 알고 흥분하여 요동하지 말고, 지금 삶의 자리에서 바르게 살고 성화를 계속 힘쓸 것을 강조한다. 그것이 바로 바울 자신을 본받는 자들이 되라고 한 이유이다.

2. 또 온전해졌어도 정상적인 삶을 살며, 죽음에 이를 때까지 성화를 힘쓰는 자들을 찾아내어 그들을 따르라고 권고한다.

바울처럼 살지만 다른 성화자들도 찾아내어 그들이 어떻게 사는지를 살펴보라고 한 것이다. 그러면 그런 성도들은 다 정상적인 삶을 살며 죽을 때까지 거룩하게 되는 것을 중단하지 않는다.

3. 우리의 삶은 온전한 그리스도인들의 삶을 본받도록 노력하면서 거룩을 힘써야 한다.

우리는 바울과 같은 본받을 사람을 우리 옆에 갖지 못한다. 그러므로 우리는 온전한 그리스도인들을 찾아보아 그들의 삶의 방식을 본받아야 한다. 그들은 세상의 방식을 이미 버렸어도 더욱 거룩해지기 위해 노력을 게을리하지 않는다.

빌 3:18 내가 여러 번 너희에게 말하였거니와 이제도 눈물을 흘리며 말하노니 여러 사람들이 그리스도 십자가의 원수로 행하느니라

GNT 3:18 πολλοὶ γὰρ περιπατοῦσιν οὓς πολλάκις ἔλεγον ὑμῖν, νῦν δὲ καὶ κλαίων λέγω, τοὺς ἐχθροὺς τοῦ σταυροῦ τοῦ Χριστοῦ,

빌 3:18 내가 여러분에게 여러 번 말하였지만 지금도 울면서 말하는데 많은 사람들이 그리스도의 십자가의 원수로 행합니다.

1. 그리스도인이라고 하는 많은 사람들이 그리스도인으로서 고난받고 참고 거룩을 힘쓰는 것이 아니라 육체적 욕망의 달성을 위해서 산다. 그것이 바로 십자가의 원수로 사는 것을 말한다.

예수 그리스도를 믿어 구원 얻은 자들은 거룩하게 사는 것이 생명이다. 그러나 많은 사람들이 거룩하게 사는 것을 바른 삶의 법으로 삼는 것이 아니라 육체적 욕망 달성을 위해서 산다. 이런 자들은 십자가로 죄악을 깨뜨려 거룩하게 살도록 하신 그리스도의 구원과 반대되게 사는 자들이다. 즉 그리스도의 십자가의 도를 완전히 무너뜨리는 삶을 살고 있다.

2. 이런 경고를 전에도 했지만 지금도 여전히 그렇게 사는 사람들이 많다.

그러므로 눈물 흘리지 않을 수 없다. 비그리스도인이 그러면 어떻

게 할 수 없다. 그러나 그리스도인들이라고 공언하면서도 그렇게 사는 사람들이 많은 것을 말한다.

빌 3:19 저희의 마침은 멸망이요 저희의 신은 배요 그 영광은 저희의 부끄러움에 있고 땅의 일을 생각하는 자라

GNT 3:19 ὧν τὸ τέλος ἀπώλεια, ὧν ὁ θεὸς ἡ κοιλία καὶ ἡ δόξα ἐν τῇ αἰσχύνῃ αὐτῶν, οἱ τὰ ἐπίγεια φρονοῦντες.

빌 3:19 그들의 마침은 멸망이요, 그들의 신은 배요, 그 영광은 저희의 부끄러움에 있고 땅의 것들을 생각하는 자들입니다.

1. 육체의 욕망 만족을 일생의 목표로 삼고 살았으니 그런 자들의 마지막은 멸망이다.

현재를 전부로 알고 육체의 욕망 만족을 위해서 평생을 살았으니 그런 자들의 마지막은 멸망 외에 다른 것은 없다. 그들은 그 행한 대로 갚음 받는다. 하나님을 인정하면, 일생 육체의 욕망을 위해서 살 수는 없고, 그리스도인으로서 삶을 살아야 할 것이다.

그러나 그들은 자기들의 욕망의 만족을 위해서 종교를 이용하였다. 그리스도와 그의 구원사역도 다 육체적인 이익의 재료로 삼았다. 그러므로 그들은 멸망에 이르는 것이 당연하다.

2. '그들의 신은 배'라고 하는 것은 먹고 마시며 즐기는 것을 유일한 목표와 낙으로 알고 사는 것을 말한다.

특히 바울 당시 로마인들은 입맛을 즐기기 위해서 먹기를 즐겼다. 먹고 배부르면 먹었던 것을 토하고 다시 먹었다. 이렇게 하여 순전히 배를 채우는 수준에서 입맛을 즐기기 위해서 먹는 일에 열심이었다.

이에서 나아가 모든 일을 먹고 즐기기 위해서 하므로 그것보다 더 고상한 목표나 목적이 성립할 수 없었다. 즉 먹는 것이 제일의 자리에 섰다. 또 그것이 전부였다. 입맛을 즐기기 위해 먹고 사는 것이 바로 그들의 신이었다.

3. 영광은 부끄러움에 있다는 것은 말하기도 부끄러운 죄악들을 영광과 자랑으로 삼는 것을 말한다.

옛날이나 지금이나 남자가 다른 여자를 범하는 것을 남자 됨의 표로 삼았다. 그리하여 다른 여자들과 관계하여 죄악을 범한 것을 자랑으로 알고 자기가 잘난 것으로 여겼다. 또 부당하게 다른 사람들을 속이고 탈취한 것을 자기의 지능의 우수함으로 여겨 크게 자랑하였다. 그 외에도 정상적인 인간으로서는 말하기도 부끄러운 것들을 큰 공적으로 여기고 자랑하였다. 그러므로 그런 사람들의 영광은 부끄러움에 있다.

4. 땅의 것들을 생각하는 것은 육체적인 것, 현세의 부귀만 생각

하고 그런 것들에 모든 생각을 집중하는 것을 말한다. 신령한 것이나 하나님의 일이나 복음전파의 일이나 남을 돕는 선한 일을 생각하지 않는다.

중생하여 구원에 이르지 못한 사람들은 육체적인 욕망의 성취에만 모든 생각을 집중한다. 밥을 먹고 살면서 숨만 쉴 수 있으면 음탕한 것과 그런 욕망의 성취에만 집중한다. 허탄한 것을 참된 것으로 알고 거기에 모든 것을 건다. 거짓을 참보다 더 좋아한다. 그릇되게 하는 것을 더 좋은 것으로 여긴다. 남을 존중하고 인정하기보다 다른 사람들을 무시하는 것으로 낙을 삼는다.

이런 모든 일들을 추구하는 것이 땅의 것들을 생각하는 것이다.

빌 3:20 오직 우리의 시민권은 하늘에 있는지라 거기로서 구원하는 자 곧 주 예수 그리스도를 기다리노니

GNT 3:20 ἡμῶν γὰρ τὸ πολίτευμα ἐν οὐρανοῖς ὑπάρχει, ἐξ οὗ καὶ σωτῆρα ἀπεκδεχόμεθα κύριον Ἰησοῦν Χριστόν,

빌 3:20 그러나 우리의 시민권은 하늘에 있으니 거기로서 우리는 구주이신 주 예수 그리스도를 기다립니다.

1. 우리의 시민권이 하늘에 있다는 것은 우리의 본향이 하늘이라는 것과 같다. 우리가 궁극적으로 살 곳이 하늘이란 뜻이다.

우리는 땅에 살지만 땅에 속한 사람들이 아니다. 우리가 속한 나라는 하늘나라, 곧 하나님의 보좌가 있는 곳이다. 그곳이 바로 우리의 영원한 처소임을 말한다.

2. 우리의 시민권이 하늘에 있다는 것은 우리가 의지해서 살아야 할 법이 하늘나라의 법이라는 것을 말한다.

우리는 세상에 살지만 세상 사람들의 법으로 살 수 없다. 거룩한 생활을 해야 하고, 의의 법으로 살아야 한다. 더구나 미움이 사람들의 생존의 법이라면 그리스도인들의 법은 사랑이다. 사랑하면서 사는 것은 정상적인 관계들 가운데서 사랑하는 것을 말하지 않고, 미워할 수밖에 없는 중에도 사랑하며 사는 것을 말한다.

거짓과 속임이 세상 삶의 법이다. 그런 사회에서 진실과 정직으로 살아야 하는 것이 그리스도인의 삶의 법이다. 남의 것을 탈취하기를 좋아하는 사람들 가운데서 자기 것을 나누어 주는 삶을 살아야 하는 것이 그리스도인의 삶의 방식이다.

3. 구주는 하늘에 오르사 지금 하나님의 보좌에 계신다. 그러므로 거기로부터 구주가 재림하실 것이다.

주 예수는 구속사역을 마치고 부활하심으로 하늘에 오르셨다. 지금은 하나님의 보좌에 계신다. 우리는 재림하실 구주를 기다린다.

4. 구주이신 주 예수의 재림은 그가 성취하신 구원을 완성하기

위해서 오심이다.

주께서 재림하시는 목적은 심판이 아니라 구원의 완성을 위해서 오시는 것이다. 구원의 완성은 우리 몸의 부활과 생존하는 모든 사람들의 몸을 변화시킴으로 이루어진다. 변화된 몸으로 영생하고 하나님의 영광에서 살 수 있기 때문이다.

심판은 부차적이다. 구원의 완성에 심판이 속하는 것은 악을 소제함이 필수적이기 때문이다. 심판을 두려워해서 주의 재림을 오히려 꺼린다. 주의 재림은 심판하기 위한 것이 아니라 우리의 구원을 완성하기 위한 것이다. 이것을 명심해야 한다.

빌 3:21 그가 만물을 자기에게 복종케 하실 수 있는 자의 역사로 우리의 낮은 몸을 자기 영광의 몸의 형체와 같이 변케 하시리라

GNT 3:21 ὃς μετασχηματίσει τὸ σῶμα τῆς ταπεινώσεως ἡμῶν σύμμορφον τῷ σώματι τῆς δόξης αὐτοῦ κατὰ τὴν ἐνέργειαν τοῦ δύνασθαι αὐτὸν καὶ ὑποτάξαι αὐτῷ τὰ πάντα.

빌 3:21 그는 만물을 자기에게 복종하게 하시는 권능으로 우리의 비천한 몸을 그의 영광의 몸과 같이 변하게 하실 것입니다.

1. 빌 3:21은 주께서 재림하시면 하실 사역을 밝히고 있다.

주님이 재림하시면 구원 얻은 백성들을 어떻게 하실 것인지를 말하고 있다. 구주 예수 그리스도께서 재림하시면 제일 먼저 구원받은 백성을 부활시키고 변화시키는 일을 하실 것이다.

2. 구원의 마지막 단계는 부활하여 우리 몸이 그리스도의 영광의 몸과 같이 변화되는 것이다. 이 변화된 몸으로써 영생할 수 있기 때문이다.

우리 구원의 마지막 단계는 우리 몸이 변화되어 영생하는 것이다. 우리 몸이 변화될 표준은 그리스도의 영광스러운 몸이다. 그리스도의 몸처럼 변화되어 영광스럽게 살 수 있으므로 우리의 구원은 완성된다. 지금의 몸으로는 하나님의 영광 앞에서 영생할 수 없다. 부활하여 그리스도의 몸처럼 변화되어야 우리도 영생할 수 있다.

3. 현재 우리의 몸은 비천한 몸이다. 조금의 어려움도 감당할 수 없어서 병들고 피곤해진다.

영양을 조금 적게 받아도 병들고 빨리 늙으며 죽는다. 이런 몸은 비천한 몸이다. 정상적인 조건을 조금만 벗어나도 곧 아프고 힘을 잃는다. 또 오래 살 수도 없다. 70년을 살면 잘 사는 것이고, 120년까지 살면 그것은 거의 불가능한 장수를 하는 것이다. 그러나 그 이상은 살 수가 없다. 또 조금만 활동을 심하게 하면 곧장 피로해지고 또 먹어야 한다.

또 비천한 몸인 것은 우리의 모든 육적 욕구가 다 이 몸을 통해서 표현되기 때문이다. 표현만이 아니라 모든 육적 욕구를 몸을 통해서 이룬다. 더욱이 우리의 몸의 욕구들 중에서 성적 욕망이 가장 강하고 언제나 충족을 원한다. 육체적으로 그 욕구를 이루지 못하면 속마음으로라도 이루기를 바란다. 그러므로 이런 몸의 상태를 두고 바울이 비천한 몸이라고 하였다.

4. 이런 비천한 몸이 영생할 수 있으려면 그리스도의 부활한 몸처럼 되어야 한다. 그리스도의 부활체처럼 우리 몸을 변화시킬 수 있는 이는 그리스도 예수뿐이다.

우리의 현재의 몸으로는 결코 영생할 수 없다. 변화되어 부활체가 되어야 한다. 그런데 우리 몸을 변화시킬 수 있는 분은 오직 주 예수 그리스도뿐이다. 그가 재림하시면 우리 몸을 변화시키시고 죽은 자들도 다 살리실 것이다. 이렇게 변화되고 다시 살아난 몸만이 영생할 수 있다. 신령한 몸이 되었기 때문이다.

5. 몸을 부활시키는 것은 썩은 살과 뼈를 다시 조성하여 새롭게 영체로 살리는 것이므로 만물을 통치하고 복종시키는 권세로만 할 수 있는 일이다. 즉 만물을 창조하신 창조주의 능력으로만 할 수 있음을 말한다. 이처럼 부활은 창조와 상응한다.

처음 창조는 흙과 먼지로 사람의 몸을 만드셨다. 부활체도 썩어 없어져서 흙과 먼지가 되었던 데서 다시 사람 몸으로 만드는 것이다. 사람 몸으로만 만드는 것이 아니라 변화된 영적 몸으로 만드는 것이다. 그러므로 그것은 창조와 같은 능력이어야 함을 말한다. 만물을 자기에게 복종시키는 능력을 따라 우리 몸을 변화시키신다고 하였다. 만물을 다 어거할 뿐만 아니라 그것들을 없는 데서 부르시는 이의 능력만이 우리의 몸을 변화된 부활체로 만들 수 있다.

6. 변화된 부활체는 그리스도의 영광스러운 몸과 같이 되므로 하나님 앞에서 영생할 수 있다.

부활체가 되어도 그리스도의 영광스러운 몸처럼 변화되어야 영생할 수 있다. 멸망에 이를 자들이 받을 부활체로는 하나님 앞에서 영생할 수 없다. 그리스도의 영광의 몸과 같이 변화된 몸으로 영생할 수 있다. 하나님 앞에서 살 수 있으려면 그리스도의 부활체처럼 변화되어야 한다. 하나님이 사람이 되심으로 입은 그 몸이 부활하여 영광스러운 몸이 되었다. 우리 몸도 하나님의 영광스러운 부활체로 된다는 것이 말로 할 수 없는 은혜요 영광이다. 하나님의 호의와 은혜가 너무도 크다.

빌립보서
Προς Φιλιππησιους

제 4 장

빌립보서
Προς Φιλιππησιους

> 유오디아와 순두게에게 겸손한 일치를 권하고 복음사역자를 도울 것을 부탁함: 4:1-3

1. 유오디아와 순두게가 한마음이 못되고 분란이 났으므로 한마음을 가질 것을 부탁하다.
2. 또 다른 복음의 사역자들인 부녀들과 글레멘드와 다른 동역자들을 도울 것을 부탁하다.

빌 4:1 그러므로 나의 사랑하고 사모하는 형제들, 나의 기쁨이요 면류관인 사랑하는 자들아 이와 같이 주 안에 서라

GNT 4:1 ὥστε, ἀδελφοί μου ἀγαπητοὶ καὶ ἐπιπόθητοι, χαρὰ καὶ στέφανός μου, οὕτως στήκετε ἐν κυρίῳ, ἀγαπητοί.

빌 4:1 그러므로 나의 사랑하고 사모하는 형제들, 나의 기쁨과 면류관인 사랑하는 자들이여, 이같이 주 안에 굳게 서시오.

1. 빌립보교회는 바울이 깊이 사랑한 교회여서 다시 보기를 늘 사모하는 교회였다.

바울은 빌립보교회를 세울 때 태장에 맞고 옥에 갇히었다. 온갖 고생을 다하고 세운 교회이다. 이 고난사건으로 간수장 가족이 교회에 함께하여 든든해졌다. 처음 복음을 받은 사람들은 자주장사 루디아를 중심하여 여자들이었다. 그들은 마케도니아 지방에서 처음 복음을 받은 희랍 여자들이었다. 그들은 복음을 듣고 믿어 열심히 교회를 섬겼다. 그러므로 바울이 특별한 애정을 갖고 사랑하고 돌보는 교회였다. 바울이 떠나간 후에도 바울의 어려운 생활을 돕기 위해 여러 번 물품과 돈을 보냈다.

2. 빌립보교회는 마케도니아 지방의 첫 열매로서 바울에게 책망 받지 않은 교회이다. 그러므로 빌립보교회는 바울의 기쁨이 되었다. 또 면류관이라고 하는 것은 그 교회가 신앙적으로 바로 자랐기 때문이다.

빌립보교회는 지금까지 바울의 책망을 받지 않았다. 혹 유오디아와 순두게 간에 사소한 논란이 있었지만 교리적으로나 신앙적으로는 문제가 없었다. 빌립보교회는 진리에 굳게 서서 바로 자랐다. 진리에 대하여 논란과 시비가 없었다. 또 다른 교회들에 나타난 윤리 문제도 없었다. 고린도교회처럼 방언과 부활 시비 등으로 교회가 혼란하지도 않았다. 거의 완전하게 교회로서 서고 자라났다. 그러므로 바울의 사역의 면류관이라고 할 수 있다.

3. 주 안에 굳게 서는 것은 주를 믿는 믿음을 굳게 하는 것이다.

빌립보교회가 지금까지 믿음을 잘 지켰다. 주를 믿는 믿음에 흔들림이나 시비가 없었다. 그러나 삶의 길에서 처음 믿음을 계속 지키는 것에 변화가 생길 수 있다. 상황의 변화나 다른 가르침을 받아 처음 믿음을 바꿀 수 있다. 그러므로 처음부터 주를 믿는 믿음에 굳게 서서 다른 가르침이나 상황의 변화에도 믿음의 변화가 없도록 해야 한다. 그렇게 되는 길은 바로 처음 믿음을 굳게 하는 것이다. 그리하여 주 예수 안에 깊이 뿌리박으면 온갖 상황에서도 처음 믿음을 지킬 수 있다.

4. 처음 믿음을 끝까지 지켜야 빌립보교회가 바울 사역의 면류관이 될 수 있다.

빌립보교회가 지금까지는 흠잡을 데 없는 아름다운 믿음을 간직하였다. 그리하여 바울에게 기쁨이요 자랑이었다. 그러나 이 믿음을 끝까지 지켜야 바울의 사역이 훌륭하였다는 것을 증명해 주게 된다. 그러면 빌립보교회가 바울 사역의 면류관이 될 것이다.

빌 4:2 내가 유오디아를 권하고 순두게를 권하노니 주 안에서 같은 마음을 품으라.

GNT 4:2 Εὐοδίαν παρακαλῶ καὶ Συντύχην παρακαλῶ τὸ αὐτὸ φρονεῖν ἐν κυρίῳ.

빌 4:2 내가 유오디아를 권하고 순두게를 권하니 주 안에서 같은 마음으로 행하세요.

1. 유오디아와 순두게는 빌립보교회에 있는 두 중추적 역할을 하는 여자들이다.

그러므로 서로 자기주장을 굽히지 아니하여 교회의 구제에 합치하기가 어려웠다. 둘이 의견을 달리해서 합치하지 않으면 교회가 분란을 겪고 파가 나뉘게 된다.

2. 교회가 화합하고 하나가 되는 길은 유오디아와 순두게가 같은 마음을 가지는 것이다.

그러므로 바울이 이들 각자에게 직접 호소하여 둘이 같은 생각을 가지고 살라고 권한다. 중추적인 역할을 하는 두 여인의 마음이 합해지면 교회가 평화로울 것이다. 그러므로 바울이 직접 이름을 불러 둘이 한마음이 되라고 권한다.

3. 같은 마음을 가지고 화평할 수 있는 것은 두 여인이 한마음 혹은 같은 생각으로 행하는 것으로 된다.

한 번만 같은 생각을 하는 것이 아니라 늘 같은 생각으로 행해야 한다. 같은 마음을 가짐으로 같은 생각을 할 수 있고, 같은 생각을 계속하면 같은 행동이 나오게 된다.

빌 4:3 또 참으로 나와 멍에를 같이한 자 네게 구하노니 복음에 나와 함께 힘쓰던 저 부녀들을 돕고 또한 글레멘드와 그 외에 나의 동역자들을 도우라 그 이름들이 생명책에 있느니라

GNT 4:3 ναὶ ἐρωτῶ καὶ σέ, γνήσιε σύζυγε, συλλαμβάνου αὐταῖς, αἵτινες ἐν τῷ εὐαγγελίῳ συνήθλησάν μοι μετὰ καὶ Κλήμεντος καὶ τῶν λοιπῶν συνεργῶν μου, ὧν τὰ ὀνόματα ἐν βίβλῳ ζωῆς.

빌 4:3 또 참으로 멍에를 같이한 동료인 당신에게 구하오니 복음에서 나와 함께 싸웠던 저 부녀들을 도우시고, 또 글레멘드와 다른 나의 동역자들을 도우시오, 그들이 이름이 생명책에 있습니다.

1. 여기 멍에를 같이한 동료인 '당신'이 누구를 지시하는지 밝히지 않고 있다. 혹 에바브로디도나 빌립보교회의 감독을 뜻한다고 볼 수 있다.

에바브로디도라면 그가 지금 편지를 지니고 가는 사람인데도 이름을 밝히지 않은 것은 좀 바르지 않다. 그리고 여기서 참 동료를 여자로 보는 것도 합당하지 않다. 왜냐하면 남성 희랍어 단어를 쓰고 있기 때문이다.

그러면 혹 간수장을 뜻한다고 할 수 있다. 그는 처음 개종하고서 바울을 잘 도왔고, 또 복음을 위해서 힘썼다. 간수장이 후에는 교회에서 중요한 자리에 있었을 것은 분명하다. 왜냐하면 그가 빌립보교회의 설립요원이었기 때문이다.

2. '복음에 있어서 나와 함께 싸웠던 부녀들'이라고 한 것을 보면 복음을 위해 바울과 함께 처음부터 크게 힘쓰고 싸웠던 많은 부녀들이 있었음을 알 수 있다. 그중에 루디아가 첫 자리에 드는 것은 확실하다.

빌립보교회는 여자들로 시작하였다. 회당이 없어서 기도처소를 찾다가 강변 모래언덕에서 루디아와 다른 여인들을 만나 복음을 전하면서 시작하였다. 이 복음을 처음 믿은 여자들, 특히 루디아와 그의 동료들이 바울과 함께 수고하고 온갖 어려움을 다 당했을 것이다.

3. 또 이방인으로 예수 믿은 글레멘드는 후에 로마의 주교가 된 사람이다.

베드로 다음 아나클레투스 (Anacletus)와 리누스 (Linus)를 이어 로마의 주교가 된 사람이 바울의 동역자였던 글레멘드이다. 그러면 바울은 빌립보 사역 시에 여자들 외에도 많은 동역자들을 가졌음을 알 수 있다.

4. 이들의 이름이 생명책에 있다고 한 것은 확실한 구원을 얻은 자들로 영광스런 자리를 차지하고 있음을 말한다.

여기 언급된 사람들은 살아 있는 복음의 동역자들이었다. 복음의 사역자는 합당한 존경과 예우로 대해야 한다.

빌립보서

Προς Φιλιππησιους

믿음생활의 규칙: 4:4-7

1. 첫째 규칙은 기뻐하는 것이다.

    그리스도인의 첫 번째 특징은 기뻐하는 것이다. 우리가 구원 얻어 죄를 용서받고 하나님과 화해하였으니 늘 기뻐하며 살게 되어 있다. 그러므로 기뻐하라고 명령한다.

2. 온유함으로 모든 사람을 대하라.

    온유함으로 모든 사람을 대하는 것은 주를 믿는 자라는 증거를 제시하는 것이다.

3. 기도와 간구로 염려거리를 다 주께 맡기라.

    그리스도인에게도 염려와 걱정이 많지만 불신자들처럼 그런 것에 매이지 말고 모든 것을 주께 맡겨야 한다. 구주는 내 주님이시므로 내 생활의 모든 것을 책임지신다.

4. 하나님의 평안으로 삶을 살게 된다.

    그리스도인의 둘째 특징은 평안한 것이다. 주께 모든 것을 맡겼으니 평안하고 기쁘게 살 수 있다. 염려하고 걱정하고 사는 것은 그리스도인의 삶의 방식이 전혀 아니다.

빌 4:4 주 안에서 항상 기뻐하라 내가 다시 말하노니 기뻐하라

GNT 4:4 Χαίρετε ἐν κυρίῳ πάντοτε· πάλιν ἐρῶ, χαίρετε.

빌 4:4 주 안에서 항상 기뻐하시오. 내가 다시 말하니 기뻐하시오.

1. 믿음에 굳게 선 사람이 할 일은 항상 기뻐하는 것이다.

그리스도인들은 주 예수를 믿음으로 구원에 이르렀을 뿐 아니라 모든 일을 주 하나님이 맡아서 해결하실 것을 알기에 언제나 기뻐할 수 있다. 비록 결과는 어찌 될지 모르지만 모든 것이 합력하여 선을 이룰 줄 믿기 때문에 기뻐할 수 있다.

더구나 그리스도인들이 기뻐해야 하는 이유는 기쁨의 원천이 우리 안에 와 있기 때문이다. 우리가 스스로 기뻐하는 것이 아니고, 기쁨의 원천이 우리 안에서 우리로 기뻐하게 하기 때문이다.

2. 기쁨은 복음의 선포로 이루어진다.

믿는 자들에게 기쁨의 원천이 이미 와 있다. 그러나 복음을 선포해야 기쁨이 계속 생산된다. 곧 믿는 자들에게 성령이 이미 와 계시기 때문에 기뻐하게 된다. 그러나 계속해서 기뻐하는 것은 복음선포로 이루어진다. 복음선포로 구원의 확신을 주기 때문이다.

3. 항상 기뻐하는 것은 좋은 상황에서만이 아니고 역경에서도

기뻐해야 함을 말한다.

　좋은 상황에서 기뻐하는 것은 모든 사람이 하는 일이다. 그러나 그리스도인들은 역경에서도 기뻐할 줄 알고 기뻐해야 할 사람들이다. 우리가 당하는 어려운 상황은 언제나 계속되는 것이 아니다. 또 역경은 우리 인격의 바른 정립을 위해서 온 것임을 알면 기뻐할 수 있다. 또 우리가 당하는 역경 배후에는 하나님의 섭리와 경륜이 있는 줄 알기 때문에 기뻐할 수 있다.

　4. 빌립보교회가 지금 비교적 평안하고 무사하여도 어떤 역경이 닥칠지 모른다.

　그런 경우에도 교회는 항상 기뻐하고 즐거워해야 한다. 구원의 역사가 있기 때문에 역경에서도 기뻐하고 즐거워하는 것이 그리스도인의 직임이다.

빌 4:5 너희 관용을 모든 사람에게 알게 하라 주께서 가까우시니라

GNT 4:5 τὸ ἐπιεικὲς ὑμῶν γνωσθήτω πᾶσιν ἀνθρώποις. ὁ κύριος ἐγγύς·

빌 4:5 여러분의 온유함을 모든 사람에게 알게 하시오, 주께서 가까우십니다.

1. 그리스도인들은 온유하고 겸손한 사람들이다. 이 온유함을 모든 사람들이 알도록 해야 한다.

시비만 따지는 것이 아니라 부드럽고 공정한 사람임을 알게 해야 한다. 그리스도인의 특질의 하나는 온유하고 겸손함, 그리고 친절함이다. 그리스도인들은 온유함과 친절함을 늘 나타내야 한다.

2. 온유함을 모든 사람에게 알게 하는 것은 할 수 있는 대로 모든 사람들에게 친절하고 부드럽게 대함으로 된다.

우리는 불신자들을 대할 때 언제나 친절하고 부드럽게 대해야 한다. 그리하여 모든 사람들이 그리스도인들은 친절하고 부드러운 사람들임을 알게 해야 한다.

3. '주께서 가까우시다'라고 한 것은 모든 사람들에게 온유하게 대할 시간이 많지 않음을 말한다.

우리가 만나는 사람들에게 언제나 온유하고 친절하게 대해야 한다. 그렇게 해도 만나는 모든 사람들에게 다 하지 못하고 잘 하지 못할 것이다. 즉 우리가 바르게 해야 할 만큼 하지 못하고서 일생을 마치게 될 것을 말한다.

4. 우리가 부드럽고 친절하게 하면 사람들을 주께로 인도하는 데 도움이 된다.

우리가 사람들을 대할 때에 부드럽고 친절하게 하면 그들이 편안함을 느끼고 주께로 돌아올 마음을 가질 것이다.

빌 4:6 아무것도 염려하지 말고 오직 모든 일에 기도와 간구로, 너희 구할 것을 감사함으로 하나님께 아뢰라

GNT 4:6 μηδὲν μεριμνᾶτε, ἀλλ᾽ ἐν παντὶ τῇ προσευχῇ καὶ τῇ δεήσει μετὰ εὐχαριστίας τὰ αἰτήματα ὑμῶν γνωριζέσθω πρὸς τὸν θεόν·

빌 4:6 아무것도 염려하지 말고 모든 일에 기도와 간구로 여러분의 구하는 것들을 하나님께 감사함으로 아뢰시오.

1. 그리스도인들은 무슨 어려운 일을 만나도 염려하지 말고 기도부터 해야 한다.

그리스도인들이 어려움을 만날 때, 해결책의 원천이 있다. 그것은 바로 하나님께 기도하고 간구하는 것이다. 이렇게 하나님께 기도하고 간구함으로 모든 어려운 문제들을 해결 받을 수 있다. 그러므로 염려할 것이 아니다.

2. 일을 만나면 하나님께 간구해야 한다. 주 예수의 이름으로 하는 우리의 간구를 하나님이 결코 외면하지 않으시기 때문이다.

우리가 주 예수 그리스도의 이름으로 하나님께 간구하면 하나님이 다 이루신다. 그러므로 염려부터 할 것이 아니고, 기도하고 간구하는 일을 해야 한다. 기도가 응답받는 비결은 지극한 정성이 아니라 주 예수 그리스도의 이름으로 구하는 것이다.

3. 간구는 하나님께서 이루어주실 때까지 하는 간절한 소원 기도이다.

우리는 하나님께 간구한다. 우리의 간절한 소원을 하나님께 아뢴다. 그냥 우리의 정성과 간절함으로 구하는 것이 아니고, 주 예수의 이름으로 구해야 한다. 이 경우만 하나님이 우리의 기도와 간구를 들으신다. 주 예수의 이름으로 드린 간구는 반드시 성취된다.

4. 우리의 구하는 것들을 감사함으로 하나님께 아뢰는 것은 우리의 요청들을 하나님이 다 들어주실 것으로 믿기 때문이다.

우리의 간구와 요청들은 공중에 메아리쳐 없어지는 기도가 아니다. 하나님께 드린 기도이다. 그것도 주 예수의 이름으로 기도한 기도이다. 그러므로 반드시 이루어주실 것을 믿으면 감사함으로 구해야 합당하다.

구할 때 이미 받은 것으로 믿으라고 주 예수께서 말씀하셨으니 받은 것으로 알고 기도해야 한다. 이미 받았으면 그에 대한 답은 감사하는 것뿐이다. 그러므로 우리는 기도하면서 벌써 받은 것으로 믿고 감사함으로 기도해야 한다.

빌 4:7 그리하면 모든 지각에 뛰어난 하나님의 평강이 그리스도 예수 안에서 너희 마음과 생각을 지키시리라

GNT 4:7 καὶ ἡ εἰρήνη τοῦ θεοῦ ἡ ὑπερέχουσα πάντα νοῦν φρουρήσει τὰς καρδίας ὑμῶν καὶ τὰ νοήματα ὑμῶν ἐν Χριστῷ Ἰησοῦ.

빌 4:7 또 모든 지각 위에 뛰어난 하나님의 평강이 여러분의 심장과 생각을 그리스도 예수 안에서 지키실 것입니다.

1. 우리의 지각을 뛰어넘는 하나님의 평강이라고 한 것은 우리의 상황과 판단으로는 도저히 평안할 수 없는 중에도 평안할 수 있는 것을 말한다.

그리스도인들은 큰 역경에서도 평안할 수 있다. 처음 당할 때는 불안하고 당황해한다. 그러나 그런 역경이 계속되지만 평안하고 기뻐할 수 있다. 그것은 하나님께서 평강을 주시기 때문이다. 다른 사람이 보기에는 도저히 기뻐하고 평안할 수 없어도 그리스도인들은 평안하고 안온할 수 있다. 그리스도의 구원과 평안을 누리기 때문이다.

2. 하나님의 평강은 우리의 지각과 지성과 생각을 뛰어넘어 우리를 위로하고 평안하게 한다.

하나님의 평강은 그리스도의 피로 조성된 평화이다. 그러므로 우

리의 지각을 뛰어넘어 우리로 평안하고 기뻐하게 한다. 도저히 기뻐하고 평안할 수 없는 중에도 그리스도인은 안정하고 평온할 수 있다. 사람의 계산으로는 도저히 평강을 누릴 수 없는 상황에서도 그리스도인들은 평안하고 안온할 수 있다. 하나님의 보장과 안전이 평안하게 하기 때문이다.

3. 하나님의 평강이 우리 심장과 생각들을 지킨다는 것은 하나님의 평강이 우리의 마음의 불안을 없애며, 여러 가지 번민을 없애 준다는 말이다.

어려움과 역경을 당하면 마음이 눌려서 도저히 평안할 수 없으며 불안과 초조가 심해진다. 그러면 자연히 생각이 많아지고 번민하기 시작한다. 그리하여 잠도 잘 자지 못하게 되고, 마음이 안식을 얻지 못한다.
그러나 고개를 주께로 들면 평안이 찾아오고, 마음의 불안과 번민이 잠잠해진다. 그리하여 정상적인 생각과 판단을 할 수 있게 된다.

4. 그리스도 예수 안에서 우리를 지키신다는 것은 그리스도 예수로 지키신다는 것을 뜻한다.

하나님은 모든 일을 그리스도 예수를 통해서 하신다. 우리의 구원만 아니라 우리를 다스리고 인도하시는 것도 다 그리스도로 하신다. 따라서 우리의 마음을 위로하고 평안하게 하시는 것도 다 그리스도로 하신다. 실제로 그리스도 우리 주가 우리의 섭리주이시다. 즉, 주 예수께서 우리에게 평안을 주시고 지키시며 보호하신다.

빌립보서

Προς Φιλιππησιους

모든 삶의 길에 기뻐함, 주께 내어맡김을 생활화하라: 4:8-9

1. 어떤 좋은 경우에도 삶의 규칙대로 살라.
2. 그러면 하나님이 평화를 주실 것이다.

빌 4:8 종말로 형제들아 무엇에든지 참되며 무엇에든지 경건하며 무엇에든지 옳으며 무엇에든지 정결하며 무엇에든지 사랑할 만하며 무엇에든지 칭찬할 만하며 무슨 덕이 있든지 무슨 기림이 있든지 이것들을 생각하라

GNT 4:8 Τὸ λοιπόν, ἀδελφοί, ὅσα ἐστὶν ἀληθῆ, ὅσα σεμνά, ὅσα δίκαια, ὅσα ἁγνά, ὅσα προσφιλῆ, ὅσα εὔφημα, εἴ τις ἀρετὴ καὶ εἴ τις ἔπαινος, ταῦτα λογίζεσθε·

빌 4:8 마지막으로 말하오니 형제들이여, 무슨 참된 것과 무슨 경건한 것과 무슨 의로운 것과 무슨 깨끗한 것과 무슨 사랑스러운 것과 무슨 칭찬할 만한 것과 무슨 덕이나 기림이 있든지 간에 이것들을 생각하시오.

1. '마지막으로'라고 말함으로 바울 사도는 이 편지와 권면을 끝내려고 하고 있다.

바울은 '마지막으로'라고 말함으로 이 빌립보서를 끝내려고 하고, 또 긴 권면도 마치려고 하고 있다.

2. 그리스도인으로서 덕이 되고 기림이 되는 일을 하도록 권고하고 있다.

많은 권면 후에 바울은 일상생활에서 좋은 것들이 있으면 자기에게서 배운 것을 생각하라고 하였다. 참된 것, 경건한 것, 의로운 것, 깨끗한 것, 사랑스러운 것, 칭찬할 만한 것, 덕과 기림 등을 생각하고 행동할 것을 권고한다.

3. 양심에 아무런 거리낌이 없도록 해야 한다.

빌 4:9 너희는 내게 배우고 받고 듣고 본 바를 행하라 그리하면 평강의 하나님이 너희와 함께 계시리라

GNT 4:9 ἃ καὶ ἐμάθετε καὶ παρελάβετε καὶ ἠκούσατε καὶ εἴδετε ἐν ἐμοί, ταῦτα πράσσετε· καὶ ὁ θεὸς τῆς εἰρήνης ἔσται μεθ' ὑμῶν.

빌 4:9 여러분이 배우고 받고 듣고 또 내 안에서 본 것들을 행하시오, 그러면 평강의 하나님이 여러분과 함께 계실 것입니다.

1. 빌립보교회가 복음을 받아들여 교회가 되었으니 그들이 행할 표준은 바울에게서 듣고 가르침 받은 것이었다.

빌립보 사람들이 처음으로 그리스도인들이 되었다. 그들은 새로운 행동방식과 사고방식을 필요로 한다. 그러나 앞선 그리스도인들이 없으므로 그들이 행동방식을 배울 표준이 없다. 오직 복음을 전해준 바울이 가르친 대로 하는 길밖에 없다. 또 바울이 한 것을 보고서 그대로 하는 것밖에 없었다. 바울이 가르치고 그에게서 듣고 받아들이고 본 바대로 하는 것이었다.

2. 그리스도인으로서 바울에게 배우고 가르침 받은 대로 행동하면, 다른 사람들을 향한 자기의 행동에 번민이나 자책이 없게 된다. 양심에 평안을 누린다. 이것이 평강의 하나님이 함께 계신다고 하는 말씀의 뜻이다.

그리스도인으로서 행동함에 마음에 평화와 안온함을 누린다. 바울이 가르치고 행했던 대로 행하면 그것은 그리스도인으로서 행할 바를 바로 행한 것임을 뜻한다. 그러나 만일 세상적인 방식이나 또 믿기 이전의 방식대로 행하면 그 후에 그리스도인들은 반드시 후회하고 번민하고 양심이 더욱 약하게 된다. 그리스도인들은 당위의 사람이다. 마땅히 할 일을 하지 않고 이익을 따라 행하면 반드시 후회하고 양심의 괴로움을 당한다.
 그러나 그리스도인의 법도대로 행하면 합당한 행동방식대로 행하였으므로 마음에 부담과 번민을 가질 필요가 전혀 없다.

빌립보서

Προς Φιλιππησιους

빌립보교회의 도움을 감사함: 4:10-20

1. 바울은 매우 어렵게 살다가 도움을 받았으므로 교회의 사랑에 감사하고 있다. 이 도움이 복음전파를 위해서 이루어졌으니 복음에 동참하는 것이다.
2. 복음을 받을 때부터 바울을 도운 것을 감사한다.
   복음을 받을 때부터 빌립보교회는 바울을 도왔다. 바울이 떠날 때에도 빈손으로 보내지 않고 도움을 제공하였다. 데살로니가로 갔을 때에도 한두 번 도왔다. 로마 옥중에서까지 도움 받은 것을 깊이 감사한다.
3. 어려운 형편을 감내하는 지혜를 얻었지만 도움받아 풍성해짐을 감사하고 있다.
4. 복음의 진보를 위해 빌립보교회가 바울을 도왔으니 하나님이 넘치게 갚으실 것이다.
   복음 때문에 옥중에서 고생하는 바울을 도왔으니 복음의 진보를 도운 것이다. 하나님이 더 넘치게 도우실 것임을 약속한다.

빌 4:10 내가 주 안에서 크게 기뻐함은 너희가 나를 생각하던 것이 이

제 다시 싹이 남이니 너희가 또한 이를 위하여 생각은 하였으나 기회가 없었느니라

GNT 4:10 Ἐχάρην δὲ ἐν κυρίῳ μεγάλως ὅτι ἤδη ποτὲ ἀνεθάλετε τὸ ὑπὲρ ἐμοῦ φρονεῖν, ἐφ᾽ ᾧ καὶ ἐφρονεῖτε, ἠκαιρεῖσθε δέ.

빌 4:10 내가 주 안에서 크게 기뻐하였던 것은 마침내 여러분이 나를 생각함이 이제 다시 살아난 것이었습니다. 전에는 여러분이 나를 생각은 했지만 기회가 없었습니다.

1. 편지를 마치면서 바울은 빌립보교회가 에바브로디도 편에 보낸 선물들을 감사하고 있다.

편지를 마치면서 빌립보교회가 보낸 사랑의 선물에 대해 감사하고 있다. 빌립보교회는 여러 번 바울을 위해 사랑의 선물을 보내서 그의 어려움을 덜게 하였다. 많은 교회들이 바울에 의해 세워졌어도 그들은 돕지 못하였다. 그러나 빌립보교회는 여러 번 도왔고, 또 기꺼이 그렇게 하였다. 이번에 에바브로디도 편에 보낸 선물들에 대하여 감사하고 있다.

2. 이번 에바브로디도가 가져온 선물들은 이전의 도움 후에 상당한 기간이 지나서 보낸 것임을 보여준다.

나를 생각하는 것이 다시 살아났다고 한 것을 보면 이번에 에바

브로디도가 가져온 선물은 한동안 뜸하다가 다시 보낸 것이다.

3. 빌립보교회는 도울 수 있기를 바랐지만 경우가 되지 못하였다. 그것이 기회가 없었다고 말한 내용이다.

보낼 마음을 가져도 그 선물들을 가지고 멀리 로마에까지 간다는 것은 쉬운 일이 아니었다. 그러다가 에바브로디도가 바울을 만나러 로마로 가므로 그 편에 보냈다. 만일 바울에게로 가는 인편이 있었으면 빌립보교회가 자주 보냈을 것이다.

빌 4:11 내가 궁핍하므로 말하는 것이 아니라 어떠한 형편에든지 내가 자족하기를 배웠노니

GNT 4:11 οὐχ ὅτι καθ᾽ ὑστέρησιν λέγω, ἐγὼ γὰρ ἔμαθον ἐν οἷς εἰμι αὐτάρκης εἶναι·

빌 4:11 내가 궁핍하기 때문에 말하는 것이 아닙니다. 나는 내가 어떠한 형편에 있든지 스스로 만족하는 법을 배웠습니다.

1. 빌립보교회가 자기를 돕고 또 도울 마음을 가진 것을 말한 것은, 지금 형편이 궁하기 때문이 아니라 그들의 도움과 그 돕는 마음에 감사하려고 한다고 밝히고 있다.

바울이 이렇게 빌립보교회의 성의와 사랑에 감사하는 것은 어렵기 때문에 하는 것이 아니고, 순수하게 감사함을 전하는 것임을 밝히고 있다.

2. 어려울 때는 또 그렇게 적응하는 법을 배워 잘 감당하고 있음을 말한다.

사람은 어려울 때는 또 어려움을 감당한다. 그러나 바울은 지금 교회의 도움 아니면 어려움을 견디기 어렵다. 양식을 공급받지 못하고 돈이 동나면 굶어 죽는 길밖에 없다. 더구나 옥중에 있을 때에는 살아날 수 있는 길이 없다. 그러므로 옥중에 있을 때에는 적게 먹고 연명하는 길밖에 없었다. 지금 연명하고 있다. 연명의 생활을 오래하면 병들고 연약해져서 죽기 쉽다. 그래도 바울에게는 이런 연명의 길밖에 없었다.

빌 4:12 내가 비천에 처할 줄도 알고 풍부에 처할 줄도 알아 모든 일에 배부르며 배고픔과 풍부와 궁핍에도 일체의 비결을 배웠노라

GNT 4:12 οἶδα καὶ ταπεινοῦσθαι, οἶδα καὶ περισσεύειν· ἐν παντὶ καὶ ἐν πᾶσιν μεμύημαι, καὶ χορτάζεσθαι καὶ πεινᾶν καὶ περισσεύειν καὶ ὑστερεῖσθαι.

빌 4:12 나는 비천해지는 것도 알고 풍부하게 되는 것도 압니다. 모든

일과 모든 형편에 배부르며 배고픔과 풍부해지는 것과 궁핍해지는 것에 대해 비결을 배웠습니다.

1. 바울은 오랜 전도여행과 교회설립에서 비천해지는 것을 여러 번 경험하였다.

또 은혜와 사랑이 많은 교회들로부터 풍성한 대접을 받아 풍부하게 사는 경험들도 하였다. 그러나 대부분의 경우에 매우 어렵게 살았다. 이 어려움을 면하기 위해서 천막을 만드는 일을 계속하였다. 복음전파를 하면서 천막 만드는 일을 하는 것은 매우 어려운 일이었다. 그래도 새로 세워진 교회에 어려움을 주지 않으려고 천막 짜는 일을 하였다. 고린도교회 설립 시에 그런 어려움을 당하여 천막 짜는 일을 하였다.

2. 많은 교회들이 기꺼이 도울 때는 감사함으로 그 도움을 받아 생활하였다.

바울의 전도여행은 혼자 하는 것이 아니고 동역자들과 함께하였다. 그리하여 많은 비용과 생활비를 필요로 하였다. 이런 경우 돕는 교회들이 있을 때는 좀 더 수월하게 전도하고 생활할 수 있었다. 풍부한 생활을 할 수 있게 되어서가 아니라, 이전 궁핍할 때를 생각해서 한 말이다.

3. 잘 먹을 경우만이 아니라 먹을 수 없고 먹을 것이 없어서 굶주

림도 많이 당하였음을 보인다.

바울은 전도 때문에 먹는 일을 자유로 할 수 없을 때가 많았다. 또 먹을 것이 없어서 굶으며 전도를 계속하였다. 그래도 성령의 역사로 복음전도를 계속하고 쉬지 않았다.

4. 바울은 먹거나 먹지 못할 때도 그에 대처하는 법을 익혔다.

먹지 못할 때도 표를 내지 않고 전도하고, 먹을 때도 전도를 잘하였다. 어떤 경우에도 전도하는 일을 계속하고 잘 적응하였다.

5. 굶주림을 계속하면 자기 인격에 대한 자존심이 무너져내리는데도 그것을 이기고 복음전파를 계속할 수 있었다. 무너져내리는 존엄성을 어떻게 극복하고 계속 전도사역을 할 수 있었는지가 수수께끼이다.

빌 4:13 내게 능력 주시는 자 안에서 내가 모든 것을 할 수 있느니라

GNT 4:13 πάντα ἰσχύω ἐν τῷ ἐνδυναμοῦντί με.

빌 4:13 내게 능력 주시는 자 안에서 내가 모든 것을 할 수 있습니다.

1. 여기 '능력 주시는 자'는 그리스도를 말한다.

그리하여 현대 희랍어 성경과 다른 현대어 번역본들이 그리스도를 추가하였다. 주 예수는 우리를 구원하셨을 뿐 아니라 우리가 당하는 환경에 잘 적응하고 살 수 있는 힘도 주신다.

2. 우리가 복음대로 살면서 당하는 어려움을 이겨내고 잘 살 수 있도록 힘을 주심을 말한다.

그리스도인은 복음을 전하거나 복음대로 살 때 어려움을 많이 만난다. 그때에도 주를 의지함으로 어려움을 이겨내고 잘 적응해야 한다. 주께서 우리로 그리스도인으로서 살 힘을 주시기 때문이다.

3. 바울은 그리스도께서 힘 주심으로 먹을 때나 먹지 못할 때에도 복음전파를 계속할 수 있었다.

바울은 복음전파자로 세워졌고 복음전파를 위해 능력을 부여받았다. 그러므로 어떤 상황에서도 모든 것을 잘 감당하고 복음사역을 계속할 수 있었다.

4. 우리 그리스도인들도 주 예수로부터 힘을 받아 어려운 상황에서도 복음대로 살 수 있다.

그리스도께서 우리에게 힘을 주시기 때문에, 우리가 당하는 어려운 상황을 잘 극복하거나 적응하여 그리스도인으로서 살 수 있을 뿐 아니라 복음도 증거할 수 있다. 그리스도께서 능력을 주시기 때문이다.

5. 빌 4:13은 모든 것을, 무슨 일이든지 잘 할 수 있다는 성공의 모토가 아니다.

복음전파를 맡은 자로서, 할 수 있는 능력을 받아 복음전파와 관련된 모든 것을 잘 감당할 수 있다는 말씀이다.

빌 4:14 그러나 너희가 내 괴로움에 함께 참예하였으니 잘하였도다

GNT 4:14 πλὴν καλῶς ἐποιήσατε συγκοινωνήσαντές μου τῇ θλίψει.

빌 4:14 그러나 여러분이 내 괴로움에 동참한 것은 잘한 것입니다.

1. 빌립보교회는 바울의 괴로움을 덜어주기 위해 도움을 보냄으로 바울의 고난에 동참하였다.

빌립보교회가 바울이 당한 어려움을 직접 겪었다는 말이 아니다. 빌립보교회는 바울이 어려움을 당할 때 도움을 보내 그의 어려움에 동참하였다. 이 도움을 보낼 때 바울의 어려움을 함께하였다.

얼마나 어려움을 당할까 하는 헤아리는 마음으로 그가 당하는 고통에 동참하였다.

2. 다른 교회들과 달리 빌립보교회는 바울의 어려움을 도왔으니 그의 고난에 동참한 것이다.

바울이 경제적으로 어려움을 당하여 정상적인 삶을 지탱하기 어려울 때도 다른 교회들은 바울을 돕지 않았다. 그러나 빌립보교회는 도움을 보냈으니 바울의 고난에 동참한 것이다.

3. 바울이 빌립보교회의 도움을 받았을 때 크게 마음에 위로를 받고 힘을 얻었다. 그러므로 빌립보교회는 잘한 것이다.

바울이 옥중에서 빌립보교회의 도움을 전달받았을 때 얼마나 마음에 위로를 받고 힘을 얻었을 것인가? 그것은 경제적인 어려움만을 덜어내는 것이 아니라 마음의 짐도 덜어내고 그를 위로한 것이었다. 그러므로 빌립보교회는 잘하였다.

빌 4:15 빌립보 사람들아 너희도 알거니와 복음의 시초에 내가 마케도니아를 떠날 때에 주고받는 내 일에 참예한 교회가 너희 외에 아무도 없었느니라.

GNT 4:15 Οἴδατε δὲ καὶ ὑμεῖς, Φιλιππήσιοι, ὅτι ἐν ἀρχῇ τοῦ εὐαγγελίου, ὅτε ἐξῆλθον ἀπὸ Μακεδονίας, οὐδεμία μοι ἐκκλησία ἐκοινώνησεν εἰς λόγον δόσεως καὶ λήμψεως εἰ μὴ ὑμεῖς μόνοι,

빌 4:15 여러분 빌립보인들이여, 복음의 시초에 내가 마케도니아를 떠날 때에 여러분 외에는 주고받는 일에 아무 교회도 나와 함께 참여하지 않았다는 것을 여러분도 아십니다.

1. 바울이 복음을 빌립보와 마케도니아에 전할 때 복음을 받아들이고 그에 대한 보답으로 빌립보교회만 사례하였고, 다른 교회는 하지 않았다.

바울이 빌립보에서 복음을 전할 때 루디아는 처음부터 바울을 자기 집으로 영접해 들였다. 복음을 전했다고 식사와 잠자리를 대접받는 것을 바울은 거부했다. 그러나 루디아는 강권하여 바울을 집으로 초대하고 며칠을 묵게 했다. 또 바울이 옥중에서 나와서 빌립보를 떠날 때에도 루디아의 집에 들러서 떠났다. 루디아의 집에 묵다가 점하는 여자 때문에 옥중에 들어갔다. 그 기간에 루디아와 다른 성도들의 대접을 받았다. 옥에서 나온 후에도 루디아의 집에 들러 짐을 챙겨 빌립보를 떠났다.

복음을 받아들인 빌립보교회 성도들이 예수 믿은 것을 감사하여 번갈아가며 접대하였다. 바울은 복음을 주고, 교회는 사랑의 대접으로 보답하였다. 그들은 주고받았다.

2. 바울이 고린도에서 전도할 때 빌립보교회로부터 도움을 받았으므로 고린도교회로부터는 도움을 받지 않았는데도, 고린도교회는 바울이 교묘히 자기들을 탈취하였다고 그를 고발하였다 (고후 12:16).

고린도교회는 복음을 받아 교회가 되었으면서도 바울의 어려운 상황을 돕기보다는 오히려 모함하였다. 공교한 자가 되어 궤계로 취하였다고 주장하고 모함하였다. 이런 교회를 위해 일할 때 빌립보교회는 도움을 바울에게로 보냈다 (고후 11:9).

3. '복음의 시초'라고 한 것은 마케도니아 지방의 첫 도시 빌립보에서 복음을 전하기 시작한 것을 말한다.

빌립보는 마케도니아 지방의 첫 도시이고 복음을 전하는 일도 처음한 곳이다. 이렇게 복음을 처음 듣고 믿었어도 복음을 받은 것을 감사하여 바울을 도왔다. 은혜를 알고 은혜를 따라 돕는 일을 하였다.

빌 4:16 데살로니가에 있을 때에도 너희가 한 번 두 번 나의 쓸 것을 보내었도다

GNT 4:16 ὅτι καὶ ἐν Θεσσαλονίκῃ καὶ ἅπαξ καὶ δὶς εἰς τὴν χρείαν μοι ἐπέμψατε.

빌 4:16 데살로니가에 있을 때에도 여러분이 내 어려움을 위하여 한 번 또 두 번 보내었습니다.

1. 빌립보교회는 고린도 사역 시에만 아니라 데살로니가에서 일할 때에도 바울의 어려움을 덜기 위해 도움을 보냈다.

데살로니가는 바울이 빌립보 사역을 마친 후 전도사역을 한 마케도니아 지방의 한 도시이다 (행 17:1-9). 데살로니가에 가서 바울로 하여금 일할 때에 어려움을 크게 당하였다. 유대인들이 시기하여 바울이 더 이상 전도를 못하게 하였다. 시장에서 폭력배들을 동원하여 바울의 전도를 막았다. 이런 상황에서는 바울이 교회를 바로 세울 수가 없었다. 그리하여 빌립보교회가 마케도니아의 어머니 교회로서 바울을 도왔다. 데살로니가 체류의 짧은 기간에도 한두 번 도움을 보내어 바울의 어려움을 덜어주었다. 참으로 훌륭한 교회이고, 장한 교회이다.

2. 교회의 구제는 예루살렘교회에서 시작했고, 유럽에서는 빌립보교회에서 시작하였다.

교회는 처음부터 구제로 시작하였다. 예루살렘교회는 교회로 구성되자 구제를 위해 집사들을 세웠다. 그리고 구제를 확대하였다.
빌립보교회가 바울을 돕는 것으로 구제를 시작하여 유럽에 퍼짐으로 구제가 교회의 바른 법으로 자리 잡았다고 할 수 있다.

빌 4:17 내가 선물을 구함이 아니요 오직 너희에게 유익하도록 과실이 번성하기를 구함이라

GNT 4:17 οὐχ ὅτι ἐπιζητῶ τὸ δόμα, ἀλλὰ ἐπιζητῶ τὸν καρπὸν τὸν πλεονάζοντα εἰς λόγον ὑμῶν.

빌 4:17 내가 선물을 구하는 것이 아니고 여러분의 명예가 풍성하게 될 열매를 구하는 것입니다.

1. 이렇게 빌립보교회가 바울을 도운 것들을 말한 것은 자주 선물을 보내주라는 것이 아니라, 선행을 하는 일이 풍성해지기를 바라는 뜻임을 밝혀 오해가 없도록 하였다.

빌립보교회가 여러 번 도왔다는 것을 밝히는 것은 빌립보교회에게 앞으로도 선물을 보내라는 뜻이 아님을 강조한다. 선물을 더 보내주기를 바라는 마음이 아니요, 이런 선행을 하는 일이 더욱 풍성해지기를 바란 것이라고 밝힌다.

2. '신용 혹은 명예가 풍성해지는 열매'라고 한 것은 그 교회의 신용장에 많은 선행이 기록되어 선행의 열매가 많아지는 것을 말한다.

빌립보교회 통장에 선행의 열매들이 가득하게 되면 그것은 바로 그 교회의 자랑이 된다. 통장에 선행의 열매들이 가득하다. 통장은 언제든지 활용할 수 있듯이 그 선행도 활용할 수 있게 된다.

신용장에 선행이 많으면 또 선행을 하는 일이 자유롭다. 처음 하는 교회는 구제와 선행을 하는 일이 어렵고 쉽지 않다. 그러나 선행을 잘하는 교회는 선행을 다시 하고 확대하는 일은 쉬운 일이 된다.

빌 4:18 내게는 모든 것이 있고 또 풍부한지라 에바브로디도 편에 너희의 준 것을 받으므로 내가 풍족하니 이는 받으실 만한 향기로운 제물이요 하나님을 기쁘시게 한 것이라

GNT 4:18 ἀπέχω δὲ πάντα καὶ περισσεύω· πεπλήρωμαι δεξάμενος παρὰ Ἐπαφροδίτου τὰ παρ' ὑμῶν, ὀσμὴν εὐωδίας, θυσίαν δεκτήν, εὐάρεστον τῷ θεῷ.

빌 4:18 내가 모든 것을 풍성히 받아서 넘칩니다. 에바브로디도에게서 여러분이 보낸 선물들을 받으므로 나는 충만합니다. 향기로운 향취요, 받으실 만하고 하나님을 기쁘시게 하는 제물입니다.

1. 매우 궁핍하다가 에바브로디도 손에서 생활에 필요한 모든 것을 바울이 받았다.

매우 궁핍하여 바울은 연명만 하는 형편이었다. 그러다가 에바브로디도가 오면서 생활에 필요한 모든 것을 가져왔다. 굽이굽이 필요한 것들을 받으니 풍성해진 것이다.

2. 곧 석방이 이루어지면 다 쓰지 못하고 로마 옥중을 떠나야 할 만큼 많이 받아 넘친다.

궁핍하다가 갑자기 많이 받으니 다 쓰지 못하고 로마를 떠날지 모른다는 생각이 들 만큼 모든 것이 넘치게 되었고, 그렇게 느꼈다. 이제껏 절약하면서 살았던 것을 생각하면 아마도 다 쓰지 못하고 로마를 떠나야 할 만큼 넘치는 양을 받은 것이다.

3. 에바브로디도 편에 빌립보교회가 보낸 선물들을 받으니 모든 것이 풍족하게 되었다.

에바브로디도 편에 많이 보냈으니 감사가 넘쳤다. 충만하다고 연속 표현하고 있다.

4. 바울은 이 선물들을 받을 때 그것이 하나님이 기뻐 받으셨던 구약의 향불 제사와 같은 것으로 보았다.

바울이 선물들을 받으니 빌립보교회의 사랑의 향기를 가득 느끼게 되었다. 그리하여 향기로운 향취로 보았다.

5. 복음사역자를 위해서 바친 선물들이니 하나님이 받으실 만한 제물이요, 하나님이 기뻐하실 그런 제물이었다.

구약 제사에서 하나님은 제사라고 다 받으시는 것이 아니었다.

가인의 제사를 거절하셨듯이, 구약 제사들도 거절하셨다. 그런데 지금 빌립보교회가 보낸 예물들은 하나님이 기뻐 받으실 제물이었다. 정성을 다해 복음사역자를 위해서 보냈으니 하나님께 드린 제물과 같았다. 그러므로 그런 제물은 하나님이 기뻐 받으시는 제사였다.

6. 하나님이 기뻐 받으실 제물이면 하나님을 기쁘게 해드리는 것이다.

바울은 복음 때문에 로마에 갇혀서 고생하고 있다. 먹을 것과 마실 것을 마음대로 할 수가 없었다. 죄수로서 받는 양밖에는 먹지도 못하고 마시지도 못하였다. 이제 바울은 몸이 필요로 하는 것을 좀 먹을 수 있고 마실 수 있게 되었다. 또 자기를 위해 수고하고 애쓰는 사람들에게 마음의 고마움을 표시할 수도 있게 되었다. 자기를 지키는 군인들에게 조금의 성의라도 표현하고 싶었지만 못하던 것들을 지금은 조금이라고 할 수 있게 되었다. 그러므로 하나님이 기뻐하실 제물이다.

빌 4:19 나의 하나님이 그리스도 예수 안에서 영광 가운데 그 풍성한 대로 너희 모든 쓸 것을 채우시리라

GNT 4:19 ὁ δὲ θεός μου πληρώσει πᾶσαν χρείαν ὑμῶν κατὰ τὸ πλοῦτος αὐτοῦ ἐν δόξῃ ἐν Χριστῷ Ἰησοῦ.

빌 4:19 나의 하나님이 그리스도 예수 안에 있는 영광으로 여러분의 모든 필요를 그의 부요하심을 따라 채우실 것입니다.

1. 힘에 지나도록 연보하여 바울을 도왔다. 그러므로 하나님이 모든 풍성함으로 물질적인 부족을 다 채워 주시기를 빌고 있다.

빌립보교회라고 넉넉하고 풍족한 중에 연보하여 바울을 도운 것이 아니다. 어려운 중에서 바울을 도왔기 때문에 하나님이 그들의 형편에 따라 복을 내리시기를 기원하고 있다.

2. 그리스도 예수 안에 있는 영광으로 채우시리라고 하였으니 넘치는 은혜로 복을 내리실 것을 약속한다.

복음의 사역 때문에 바울이 고생하고 있는 것을 도왔으니 주의 대의를 위해서 도운 것이다. 빌립보교회의 구제는 복음을 위해서 도운 것이므로 그리스도의 영광의 복음을 따라서 복을 내리시어 어려움이 없게 하실 것을 말한다.

3. 예수 그리스도 안에 나타난 영광은 은혜의 풍성함을 말한다.

하나님은 예수 그리스도로 은혜를 베푸셨다. 모든 은혜는 그리스도 예수로 말미암아서 온다. 그러므로 그리스도 안에서 나타내신 영광은 바로 하나님의 구원하시는 은혜이다. 불쌍히 여기시고 구원하시는 모든 일을 다 그리스도 예수로 하신다. 그러므로 모든 은혜는 예수 그리스도 안에 있다.

4. 복음을 위해 희생하면 하나님이 은혜를 입히시고 복을 내리실 것이다.

바울의 이 축복대로 복음을 위해 진심으로 일한 자들에게 하나님은 하늘의 신령한 복을 주시고 땅 위의 복도 내리실 것이다. 그리하여 더욱 복음을 위해서 일하도록 하신다.

빌 4:20 하나님 곧 우리 아버지께 세세 무궁토록 영광을 돌릴지어다 아멘

GNT 4:20 τῷ δὲ θεῷ καὶ πατρὶ ἡμῶν ἡ δόξα εἰς τοὺς αἰῶνας τῶν αἰώνων· ἀμήν.

빌 4:20 하나님 우리 아버지께 영광이 세세토록 있을지어다.

1. 영광은 하나님께만 속한다. 그러므로 세세토록 영광이 하나님께만 합당하다.

하나님은 영광의 주님이시다. 하나님이 모든 세상을 창조하셨으니 영광은 하나님에게서 비롯된다. 하나님은 세상을 자기의 영광을 위해서 창조하셨으니 영광은 하나님께만 귀속한다.

2. 이 구절에 나오는 영광은 백성을 구원하시므로 나오는 영광이다. 구원 얻은 백성들이 하나님의 은혜를 찬송하는 찬송을 영광으로 표현하였다.

멸망에 이른 백성들을 구원해 내사 자기의 백성으로 삼으셨으니 그의 은혜를 찬송하는 것은 백성의 당연한 의무이다. 하나님의 은혜를 찬송하는 일은 백성 된 자들이 면제받을 수 없는 일이다. 따라서 모든 찬송을 하나님께 돌려야 한다.

3. 하나님의 영광을 찬송하는 일은 영세토록 계속될 일이므로 '세세토록 영광이 하나님께 있을지어다'라고 하였다.

구원 얻은 백성들은 영세토록 은혜의 하나님을 찬양하여 그에게 영광을 돌리는 일을 할 것이다.

빌립보서
Πρὸς Φιλιππησίους

> **인사를 부탁함: 4:21-23**

1. 모든 성도들에게 문안하기를 부탁한다.
2. 함께 있는 성도들이 빌립보교회에 문안하고, 가이사의 집안 사람들도 주 예수를 믿고 문안인사에 동참한다.
3. 주 예수의 은혜를 기원한다.

빌 4:21 그리스도 예수 안에 있는 성도에게 각각 문안하라 나와 함께 있는 형제들이 너희에게 문안하고

GNT 4:21 Ἀσπάσασθε πάντα ἅγιον ἐν Χριστῷ Ἰησοῦ. ἀσπάζονται ὑμᾶς οἱ σὺν ἐμοὶ ἀδελφοί.

빌 4:21 그리스도 예수 안에 있는 모든 성도에게 인사하십시오. 나와 함께 있는 모든 형제들이 여러분에게 인사합니다.

1. 여기 '그리스도 예수 안에 있는 모든 성도'를 단수로 표기함으로 빌립보에 있는 각 성도를 지칭하였다.

그리스도 예수 안에 있는 각 성도는 그리스도를 믿는 신자를 말한다. 빌립보에 있는 각 신자에게 빠짐없이 문안인사를 하도록 부탁한다.

2. 모든 성도에게 문안하라고 하였으니 자기와 함께 있는 형제들이 문안하는 것은 당연하다.

바울과 함께 있는 모든 형제들, 곧 바울의 동역자들이 빌립보교회에 문안인사를 한다. 모든 성도들에게 문안하라고 하였으니 보내는 인사가 당연하다. 바울의 동역자들이 바울을 위해 사랑을 크게 나타내는 빌립보교회에 인사하고 싶어 하는 것은 성도의 당연한 도리이다.

빌 4:22 모든 성도들이 너희에게 문안하되 특별히 가이사 집 사람 중 몇이니라

GNT 4:22 ἀσπάζονται ὑμᾶς πάντες οἱ ἅγιοι, μάλιστα δὲ οἱ ἐκ τῆς Καίσαρος οἰκίας.

빌 4:22 모든 성도들이 여러분을 문안하고, 특별히 가이사의 집에 속한 사람들이 문안합니다.

1. 빌립보교회에 보내는 인사에 동참하는 사람들은 먼저는 바

울과 함께 있는 동역자들이고, 로마에 있는 성도들로 바울과 교류하는 성도들이다.

바울과 함께 있으면서 고락을 함께하는 형제들이 먼저 인사를 보내고, 또 바울과 교류하고 있는 로마의 성도들도 문안인사에 동참하였다. 바울에게는 언제나 사람들이 많이 왕래하고 교류하므로 많은 성도들이 바울의 문안인사에 동참하였다.

2. 특기할 일은 가이사 황제의 가족 중에도 이미 신자들이 있어서 바울의 인사에 동참한다.

로마 군인들만 복음전도를 받은 것이 아니라 황실에까지 복음의 권세가 확장되었다. 황실 가족들 중에서도 복음에 접촉하고 복음을 받아들여 그리스도인들이 되었다. 그리고 그리스도인 됨을 부끄러워하지 않고 담대히 자기들의 신앙을 고백하였다. 그러므로 바울의 인사에 그들도 동참하였다.

빌 4:23 주 예수 그리스도의 은혜가 너희 심령에 있을지어다

GNT 4:23 ἡ χάρις τοῦ κυρίου Ἰησοῦ Χριστοῦ μετὰ τοῦ πνεύματος ὑμῶν.

빌 4:23 우리 주 그리스도 예수의 은혜가 여러분의 영과 함께 있을지

어다.

1. 은혜는 하나님 아버지와 주 예수 그리스도로부터 오는데, 주 예수 그리스도로부터 온다고 말함으로 주 예수 그리스도가 은혜를 베푸시는 하나님이심을 확인한다.

주 예수 그리스도는 성육신하신 하나님이시다. 육체 안에 계시는 하나님이시다. 그러므로 그가 은혜를 베푸신다. 이렇게 '주 예수 그리스도의 은혜가 모든 성도들에게 함께 있을지어다'라고 함으로 주 예수 그리스도가 하나님이심을 확인하였다.

2. '너희 심령에 있을지어다'라고 하였으니 변화 받은 영이 더욱 잘 되기를 바라고 있다.

칼빈은 영을 변화 받은 영혼이라고 하였다. '너희 영'이라고 하였으니 변화 받은 영혼을 말한다. 영혼이 잘 되는 길은 그리스도의 은혜뿐이다. 그리스도의 은혜를 입음으로 영혼은 잘 되고 바로 자란다. 믿은 후에도 그리스도의 은혜만이 그리스도인으로 바른 그리스도인이 되게 한다. 그리스도인이 되는 데 시작도 그리스도의 은혜요, 마침도 그리스도의 은혜이다.

서철원 박사 성경 주석 시리즈
빌립보서

1판 1쇄 인쇄 _ 2022년 2월 25일
1판 1쇄 발행 _ 2022년 3월 4일

지은이 _ 서철원
펴낸이 _ 이형규
펴낸곳 _ 쿰란출판사

주소 _ 서울특별시 종로구 이화장길 6
편집부 _ 745-1007, 745-1301~2, 747-1212, 743-1300
영업부 _ 747-1004, FAX 745-8490
본사평생전화번호 _ 0502-756-1004
홈페이지 _ http://www.qumran.co.kr
E-mail _ qrbooks@daum.net / qrbooks@gmail.com
한글인터넷주소 _ 쿰란, 쿰란출판사
페이스북 _ www.facebook.com/qumranpeople
인스타그램 _ www.instagram.com/qrbooks
등록 _ 제1-670호(1988.2.27)
책임교열 _ 박은아·김영미

ⓒ 서철원 2022   ISBN 979-11-6143-656-2 94230
             979-11-6143-479-7 (세트)

책값은 뒤표지에 있습니다.
이 출판물은 저작권법에 의해 보호를 받는 저작물이므로 무단 복제할 수 없습니다.
파본(破本)은 구입처에서 교환해 드립니다.